本书获“上海市多语种人才早期培养项目”支持

总主编 于 漫

新启航西班牙语 ¡VAMOS! 1 下

主 编 于 漫
编 者 陆恺甜 姚 洁

上海外语教育出版社
外教社 SHANGHAI FOREIGN LANGUAGE EDUCATION PRESS

图书在版编目(CIP)数据

新启航西班牙语.1.下 / 于漫主编；陆恺甜，姚洁编. -- 上海：上海外语教育出版社，2023

ISBN 978-7-5446-7816-2

Ⅰ.①新… Ⅱ.①于… ②陆… ③姚… Ⅲ.①西班牙语—自学参考资料 Ⅳ.①H34

中国国家版本馆CIP数据核字(2023)第123693号

出版发行：**上海外语教育出版社**
（上海外国语大学内）邮编：200083
电　　话：021-65425300（总机）
电子邮箱：bookinfo@sflep.com.cn
网　　址：http://www.sflep.com
责任编辑：李志力

印　　刷：上海叶大印务发展有限公司
开　　本：890×1240　1/16　印张 8.75　字数 149 千字
版　　次：2023年9月第1版　2023年9月第1次印刷

书　　号：ISBN 978-7-5446-7816-2
定　　价：35.00元

本版图书如有印装质量问题，可向本社调换
质量服务热线：4008-213-263

致同学们

亲爱的同学们：

你们好！欢迎你们来到西班牙语学习的世界。

世界第二大通用语西班牙语，是全球21个国家和地区的官方语言，也是联合国工作语言之一。西班牙语形态丰富，音韵和谐，可以为我们认识世界、沟通交流开启窗口。让我们一起使用这本书来学习西班牙语。

这本书共三个单元，每个单元由3课组成。每课包括“开始上课啦”“学习主课文”“注意关键点”“一起来操练”“文化小项目”“下课前总结”和“请你来吟诵”七个小板块。

开始上课啦（Para empezar） 一些有趣的开场白和互动练习，帮助我们听一听，说一说，想一想，练一练，准备开始每课的语言文化遨游。

学习主课文（A trabajar） 多地域的西班牙语情景素材，带领我们跟着中国学生李明一起，认识世界各地的朋友，学习地道的西班牙语，了解日常生活的点滴，交流中外文化的特点。

注意关键点（Fíjate bien） 这些重要的语言知识点和范例，是帮助我们学习本课语音、语法、表达的小贴士，做练习之前别忘了先巩固一下哦！

一起来操练（A practicar） 这里有与课文内容相匹配的单项技能和多技能融合训练，还有中外文化对比，轮到你来一展身手啦！让我们边学、边练、边巩固，一起学习语言文化知识，讲好中国故事。

文化小项目（Proyecto cultural） 关于西班牙和美洲西班牙语国家你了解多少呢？跟同学们一起来完成文化小项目，用你熟悉的多媒体手段开展自主探究，搜集信息，开动头脑，解决问题。

下课前总结（Para terminar） 大家一起回顾一下本课的要点和任务，看看是否完成了学习目标。

请你来吟诵（Recita） 优美的西班牙语歌谣、金句和经典美文段落，等你来吟诵。

希望这本书给你们带来愉悦的学习体验，陪你们度过快乐美好的学习时光。

编者

ÍNDICE

GRAMÁTICA	FONÉTICA
◆ El presente de indicativo: *conocer* ◆ Los verbos regulares e irregulares ◆ Las conjugaciones de los verbos regulares	◆ Los grupos consonánticos (2)
◆ El complemento directo ◆ Los pronombres de complemento directo ◆ Los días de la semana	◆ La pronunciación de las sílabas que terminan en *an*, *en*, *in*, *on*, *un*
◆ Las perífrasis verbales ◆ El complemento indirecto ◆ Los pronombres de complemento indirecto	◆ La pronunciación de *c* delante de las consonantes *c*, *n*, *t*, *d*
◆ El interrogativo: *dónde* ◆ Los números ordinales: 1—10 ◆ Combinación de los pronombres	◆ Las palabras tónicas y átonas
◆ Los verbos pronominales ◆ Las locuciones conjuntivas temporales: *antes de*, *después de*	◆ Los grupos fónicos
◆ Los usos de *haber* y *estar* ◆ Los pronombres/adjetivos indefinidos	◆ El resilabeo
◆ Los pronombres preposicionales ◆ La duplicación de los pronombres átonos ◆ Las oraciones consecutivas: *como*	◆ La entonación de oraciones interrogativas (1)
◆ Los verbos: *gustar*, *encantar* ◆ Las preguntas encabezadas por preposiciones ◆ El verbo *ser* para ubicar en el tiempo y en el espacio	◆ La entonación de oraciones interrogativas (2)
◆ Las oraciones condicionales: *si* + presente, presente ◆ Los interrogativos: *qué*, *cuál*	◆ Algunos acentos típicos del español

PERSONAJES

Li Ming

Sara

David

Gabriel

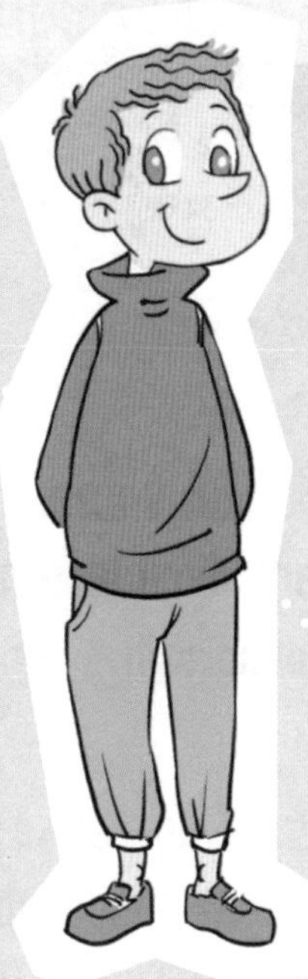

Luis

Mariana

UNIDAD 4 En clase

LECCIÓN 10 ¿QUÉ HORA ES?

En esta lección vamos a aprender a:

- preguntar y decir la hora
- hablar del horario

Para ello vamos a aprender:

- el presente de indicativo: *conocer*
- los verbos regulares e irregulares
- las conjugaciones de los verbos regulares
- los grupos consonánticos (2)

ASÍ LEEMOS EL RELOJ,
ASÍ SABEMOS QUÉ HORA ES.

Para empezar

1. Escucha y lee. 边听边读。

1. ¿Qué hora es?
   Son las nueve. Empieza la clase.

2. ¿Qué hora es?
   Son las once y veinte. Li Ming y sus compañeros están en el recreo.

3. ¿Qué hora es?
   Es la una y cuarenta y cinco. David y Gabriel comen en la cafetería.

4. ¿Qué hora es?
   Son las cinco y media. Termina la última clase a las cinco y media. Todos se van a casa.

2. Lee las siguientes frases y escucha. ¿Qué es lo que no hace Li Ming normalmente en un día de colegio? 读下列句子并听录音。下列哪一件事李明在上学的日子里通常不会做?

1. Comer en casa.
2. Tomar el autobús.
3. Leer en la biblioteca.
4. Escuchar música.
5. Pasear en el jardín.
6. Escribir en su diario.
7. Ordenar sus cosas de estudio.

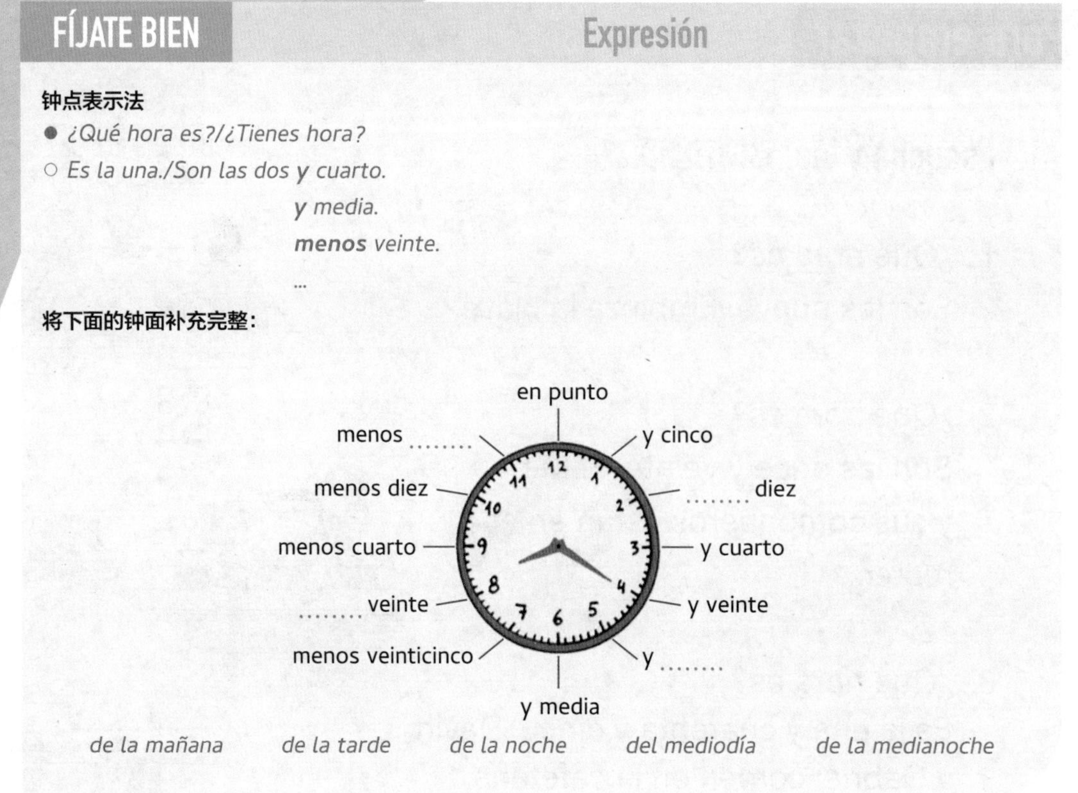

FÍJATE BIEN
Expresión
钟点表示法
● ¿Qué hora es?/¿Tienes hora?
○ Es la una./Son las dos y cuarto.
y media.
menos veinte.
...
将下面的钟面补充完整：
en punto
menos ....
y cinco
menos diez
.... diez
menos cuarto
y cuarto
.... veinte
y veinte
menos veinticinco
y ....
y media
de la mañana
de la tarde
de la noche
del mediodía
de la medianoche

3. Mira los relojes y practica con tu compañero/a siguiendo el ejemplo.
请看下列钟表，仿照例子和同伴进行操练。

Ejemplo:

- ● *¿Qué hora es? / ¿Tienes hora?*
- ○ *Son las nueve y media (de la mañana).*

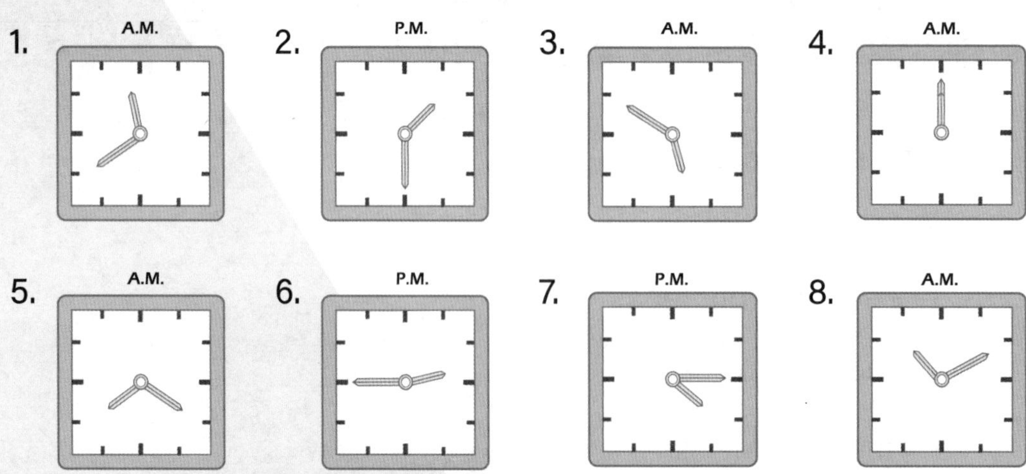

A trabajar

4. Escucha y lee el siguiente diálogo para observar las formas de decir la hora y los verbos conjugados. 边听边读以下对话。请观察时间的表达方法和动词的变位形式。

1. David: ¡Hola, Ming! Buenos días. ¿Vas a clase?
   Ming: Ahora no, los miércoles la clase de español empieza a las diez de la mañana. ¿Y tú, a qué hora tienes clase?
   David: Tengo clase de informática a las diez. ¿Quedamos a la una para comer juntos?
   Ming: No puedo. Hoy no como en el colegio.

2. David: Pero siempre comes en la cafetería.
   Ming: Es que tengo una cita con un amigo.
   David: ¿Un amigo? ¿Quién? ¿Lo conozco?
   Ming: No, no lo conoces. No vive en España. Es un amigo de Shanghái. Estos días está en Madrid de turismo.
   David: Bueno, entonces nos vemos en la cafetería a las dos y media de la tarde. Es que tengo algunas dudas de matemáticas. ¿Te parece bien?
   Ming: Muy bien. Oye, ¿qué hora es?
   David: Son las diez menos cinco. Venga, rápido, vamos a clase. ¡Hasta luego!
   Ming: ¡Hasta luego!

FÍJATE BIEN Gramática

	conocer
yo	conozco
tú	conoces
él, ella, usted	conoce
nosotros, nosotras	conocemos
vosotros, vosotras	conocéis
ellos, ellas, uotedes	conocen

5. Observa las frases relacionadas con la hora en el texto de la actividad 4 y relaciónalas con los relojes correspondientes. Escribe las frases debajo de cada reloj. 观察练习4课文中与时间有关的句子，并将它们与下列钟表联系起来。在每幅钟表图下写出相应信息。

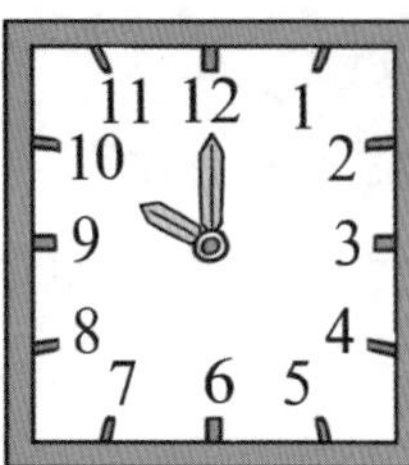

Ejemplo: La clase de español empieza a las 10.

....

....

9:55

....

....

13:00

....

....

6. Ahora escucha la grabación y marca las horas en los relojes. 听录音，在钟面上画出对话中提及的时间。

1.

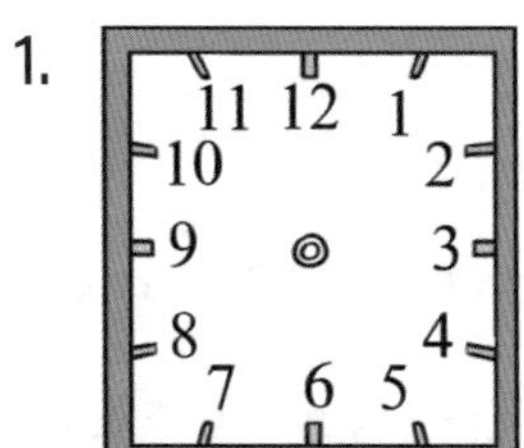

2.

3.

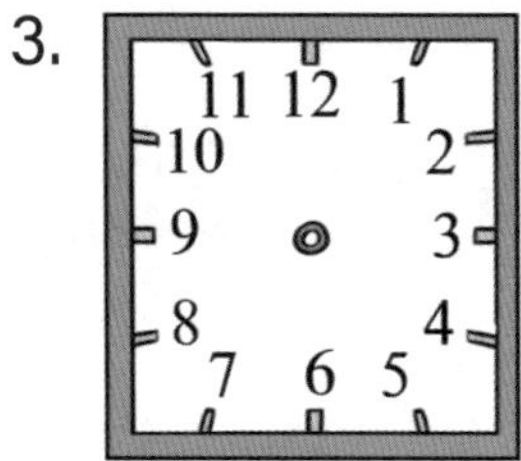

4.

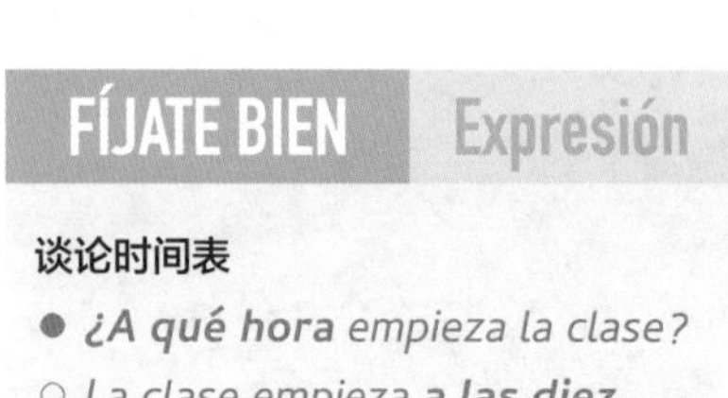

FÍJATE BIEN Expresión
谈论时间表
● ¿A qué hora empieza la clase?
○ La clase empieza a las diez.

7. Observa los siguientes verbos regulares en infinitivo y busca sus formas conjugadas en el texto de la actividad 4. Escribe el pronombre personal de estas formas verbales según el texto. 观察下列规则动词的原形，在练习4的课文中寻找它们的变位形式。根据课文在变位后的动词旁写出相应的人称代词。

quedar quedamos (........................)

comer como (........................) comes (........................)

vivir vive (........................)

FÍJATE BIEN Gramática

规则动词陈述式现在时的变位

原形动词以 -ar, -er, -ir 结尾，例如：*esperar*, *comer*, *vivir*。

	esperar	comer	vivir
yo	espero	como	vivo
tú	esperas	comes	vives
él, ella, usted	espera	come	vive
nosotros, nosotras	esperamos	comemos	vivimos
vosotros, vosotras	esperáis	coméis	vivís
ellos, ellas, ustedes	esperan	comen	viven

不规则动词陈述式现在时的变位

不遵循动词变位规则的动词被称为不规则动词，例如：*ser*, *estar*, *tener*, *haber*, *poder*……
你记得这些不规则动词的变位吗？请举一个例子。

8. Ahora busca en el texto de la actividad 4 las formas conjugadas de los siguientes verbos irregulares según el sujeto. 现在请根据主语在练习4的课文中找出下面不规则动词的变位形式。

empezar (la clase) ....

poder (yo) ....

conocer (yo) .... (tú) ....

ver (nosotros) ....

9. **Conjuga los siguientes verbos irregulares en presente con un diccionario.**
借助字典，写出这些不规则动词陈述式现在时的变位形式。

empezar

yo		nosotros, nosotras	
tú		vosotros, vosotras	
él, ella, usted		ellos, ellas, ustedes	

poder

yo		nosotros, nosotras	
tú		vosotros, vosotras	
él, ella, usted		ellos, ellas, ustedes	

conocer

yo		nosotros, nosotras	
tú		vosotros, vosotras	
él, ella, usted		ellos, ellas, ustedes	

ver

yo		nosotros, nosotras	
tú		vosotros, vosotras	
él, ella, usted		ellos, ellas, ustedes	

¿Hay más verbos irregulares en el texto? ¿Cuáles son? 课文中还有其他不规则动词吗？请把它们找出来。

10. Escucha y observa la pronunciación de los grupos consonánticos.
听录音，请注意辅音连缀的发音。

fl fr

fla fle fli flo flu
fra fre fri fro fru
Luis come flan con nata y fresas.

gl gr

Where there is a will,
there is a way.

gla gle gli glo glu
gra gre gri gro gru
La profesora de Inglés
se llama Gloria.

pl pr

pla ple pli plo plu
pra pre pri pro pru
Irene planta margaritas en primavera.

11. Escucha y rodea los grupos consonánticos. 听录音，并圈出辅音连缀。

1. *fl, fr*

María riega la flor y disfruta de su olor.

Mariana mueve el frutero y al lado pone el florero.

2. *gl, gr*

¡Felicidades!
¡Has ganado un viaje gratis en globo!
Podrás ver tigres en la jungla y fotografiar
grullas salvajes.

3. *pl, pr*

Es el cumpleaños de Pablo y sus primos le han preparado una sorpresa. Él sopla la vela y aplaude.

A practicar

12. Di qué hora es según cada reloj. Escucha y localiza el reloj que corresponde a cada conversación. 说出每个钟面所显示的时间。听录音并指出对应每段对话的钟面。

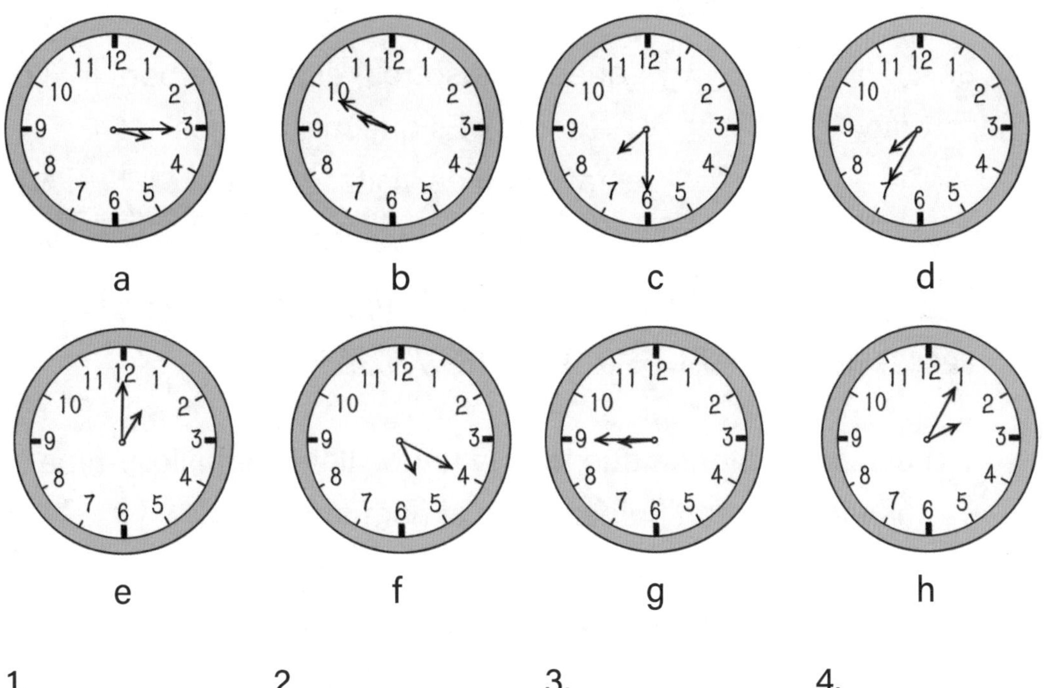

1. .... 2. .... 3. .... 4. ....

13. Completa con los verbos en la forma correcta. 用动词的适当形式填空。

1. Mis padres y yo ________________ (vivir) en España.

2. ¿No ________________ (comer, tú) nunca en restaurantes?

3. ¿A qué hora ________________ (llegar, vosotros) a casa?

4. En el recreo Beatriz ________________ (leer) un libro y Julia ________________ (escribir) su diario.

5. ________________ (escuchar, yo) música en el patio o ________________ (pasear).

6. Mis clases ______________ (empezar) a las ocho y media y ______________ (terminar) a las doce menos cuarto.

7. Hoy Pedro no ______________ (tener) clase. ______________ (Ordenar) su habitación y ______________ (tomar) un café en la terraza.

8. • ¿______________ (quedar, nosotros) esta tarde para ir al cine?
   ○ No ______________ (poder). Es que mis amigos ______________ (estar) aquí de visita.

14. Lee en voz alta los siguientes trabalenguas. ¿Quién puede leer más veces? 朗读以下绕口令。谁念对的次数最多?

1. La flaca de Florida que toca la flauta, lleva flequillo. Y flipa cuando flota con fluidez junto al flamenco flojo.

2. En frente de Frentecilla hay una fuente de frente. Frentecilla frunce la frente a la fuente que está enfrente de frente.

3. Don globo glosaba con el globo glotón, glosando, glosando, globando los dos.

4. Graduado en gramática Graciano grandulón gramático escribe gramaticalmente sin gramaticarías.

5. Platicando plácidamente en la plateada planicie de la playa, se oía el plañir plañidero plañiendo.

6. Compre comadre poca capa parda, que la que compra poca capa parda, poca capa parda paga.

15a. Lee el siguiente texto y dibuja los tres tipos de horarios escolares en España. 请阅读以下短文并画出西班牙学校的三种作息时间。

Los horarios escolares en España

Los horarios escolares dependen del tipo de escuela. Algunas pueden funcionar de 9 a 5 con un descanso de dos horas para el almuerzo. Otras escuelas pueden comenzar a las 9 y terminan a las 2, la hora de la comida en España. Para los padres que trabajan, algunas escuelas ofrecen un programa matutino, de pago, a partir de las 7 y después de la jornada escolar, hasta las 6, un programa de actividades extracurriculares, gratuitas o pagadas, dependiendo de la actividad.

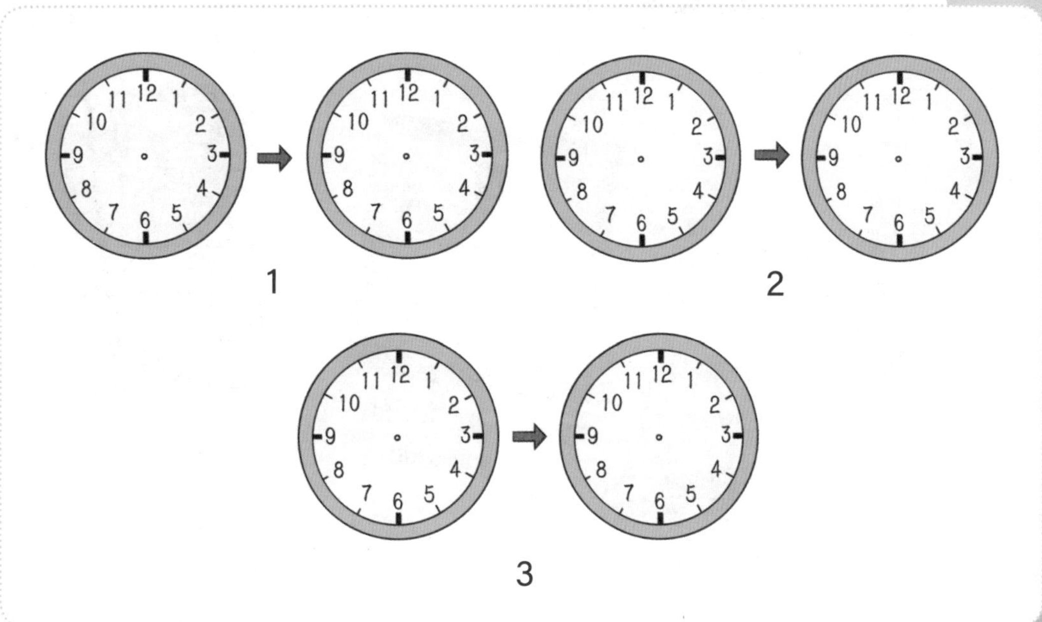

15b. Ahora escribe el horario de tu escuela. 现在，请写出你所在学校的作息时间。

Proyecto cultural

16a. Fíjate en las siguientes fotos y di qué horario tienen los siguientes establecimientos españoles. 请仔细观察以下照片，并说出西班牙以下地点的开放时间。

Banco Santander | Oficina de Correos | Farmacia Trébol

El Corte Inglés | Centro de Turismo de Madrid | Supermercado Carrefour

Supermercado Dia | Bar Los Mellizos

Ejemplo: El horario del banco Santander es de las ocho y media de la mañana a las dos y media de la tarde de lunes a viernes. No abre los sábados y domingos.

16b. En grupos, salid a la calle a sacar fotos de los horarios de establecimientos y comparad. ¿Son parecidos a los de España? 分组上街拍摄一些机构或商号的营业时间，将其与西班牙做比较。有什么不同吗？

16c. ¿Sabías que en España existen dos horas diferentes? Averígualo en Internet y di qué hora es en este momento en las siguientes ciudades españolas: Madrid, Barcelona, Santa Cruz de Tenerife, Las Palmas. 你知道在西班牙存在两个不同的时间吗？上网查找资料，并说出这会儿在以下几个西班牙城市是几点钟：马德里、巴塞罗那、圣克鲁斯－德特内里费和拉斯帕尔马斯。

Canta y recita

La canción de las horas

Si la aguja larga apunta hacia arriba
y la aguja corta apunta a la hora,
así leemos el reloj,
así sabemos qué hora es.

La una en punto, las dos en punto, las tres en punto,
las cuatro en punto, las cinco en punto, las seis en punto,
las siete en punto, las ocho en punto, las nueve en punto,
las diez en punto, las once en punto, las doce en punto.

Si la aguja larga apunta hacia arriba
y la aguja corta apunta a la hora,
así leemos el reloj,
así sabemos qué hora es.

La una en punto, las dos en punto, las tres en punto,
las cuatro en punto, las cinco en punto, las seis en punto,
las siete en punto, las ocho en punto, las nueve en punto,
las diez en punto, las once en punto, las doce en punto.

Para terminar

COMUNICACIÓN	GRAMÁTICA
◆ **Para preguntar y decir la hora:** — ¿Qué hora es?/¿Tienes hora? — Es la una y cuarto de la tarde. /Son las siete y media de la mañana. /Son las doce del mediodía. /Son las diez menos veinte de la noche. ◆ **Para hablar del horario:** — ¿A qué hora comes? — Como a las dos.	◆ **El presente de indicativo de *conocer*:** conozco, conoces, conoce, conocemos, conocéis, conocen ◆ **Los verbos regulares:** llamar, explicar, comer, leer, abrir, vivir... ◆ **Los verbos irregulares:** estar, empezar, tener, ver, ir, venir... ◆ **Las conjugaciones de los verbos regulares:** ✓ 1.ª conjugación: -o, -as, -a, -amos, -áis, -an ✓ 2.ª conjugación: -o, -es, -e, -emos, -éis, -en ✓ 3.ª conjugación: -o, -es, -e, -imos, -ís, -en

Vocabulario

empezar / *intr.* / *tr.* / 开始
recreo / *m.* / 课间休息
comer / *intr.* / *tr.* / 吃饭；吃
medio, dia / *adj.* / 一半
terminar / *intr.* / *tr.* / 结束
ir(se) / *intr.* / *prnl.* / 去；离开
autobús / *m.* / 公交车
pasear / *intr.* / 散步；闲逛
diario / *m.* / 日记
ordenar / *tr.* / 整理
miércoles / *m.* / 星期三
informática+ / *f.* / 信息学，电脑技术
quedar+ / *intr.* / 约定
junto, ta / *adj.* / 一起
colegio / *m.* / 学校
siempre / *adv.* / 总是，永远
cita / *f.* / 约会
vivir / *intr.* / 住
turismo / *m.* / 旅游
duda / *f.* / 疑问
menos / *conj.* / 差；减
rápido / *adv.* / 快
horario+ / *m.* / 时刻表，日程表

书中带+号的词为补充词汇

UNIDAD 4 En clase

LECCIÓN 11 ¿CUÁNTAS CLASES HAY?

En esta lección vamos a aprender a:

- hablar de las asignaturas
- describir las actividades en clase

Para ello vamos a aprender:

- el complemento directo
- los pronombres de complemento directo
- los días de la semana
- la pronunciación de las sílabas que terminan en *an*, *en*, *in*, *on*, *un*

MI SEMANA TIENE SIETE DÍAS Y TE LOS VOY A PRESENTAR.

Para empezar

1. Escucha y lee. 边听边读。

1. • ¿Qué día es la clase de Educación Física?
   ○ La clase de Educación Física es los martes.

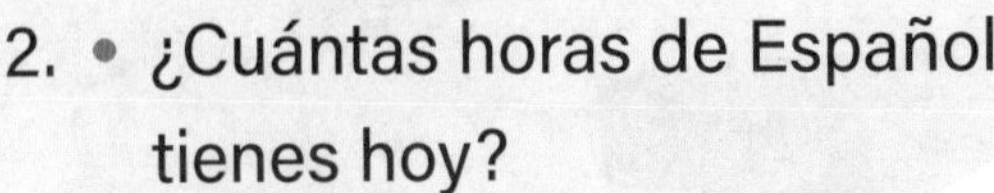

2. • ¿Cuántas horas de Español tienes hoy?
   ○ Hoy tengo dos horas de Español.

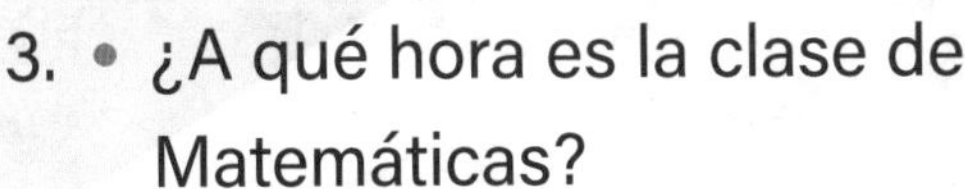

3. • ¿A qué hora es la clase de Matemáticas?
   ○ La clase de Matemáticas es de las diez a las once menos cuarto.

4. • ¿Qué aprendéis en la clase de Inglés?
   ○ Leemos un texto sobre animales, pero no lo entiendo muy bien.

2. Ahora relaciona las asignaturas con los dibujos. 现在请将课程名称和图片相匹配。

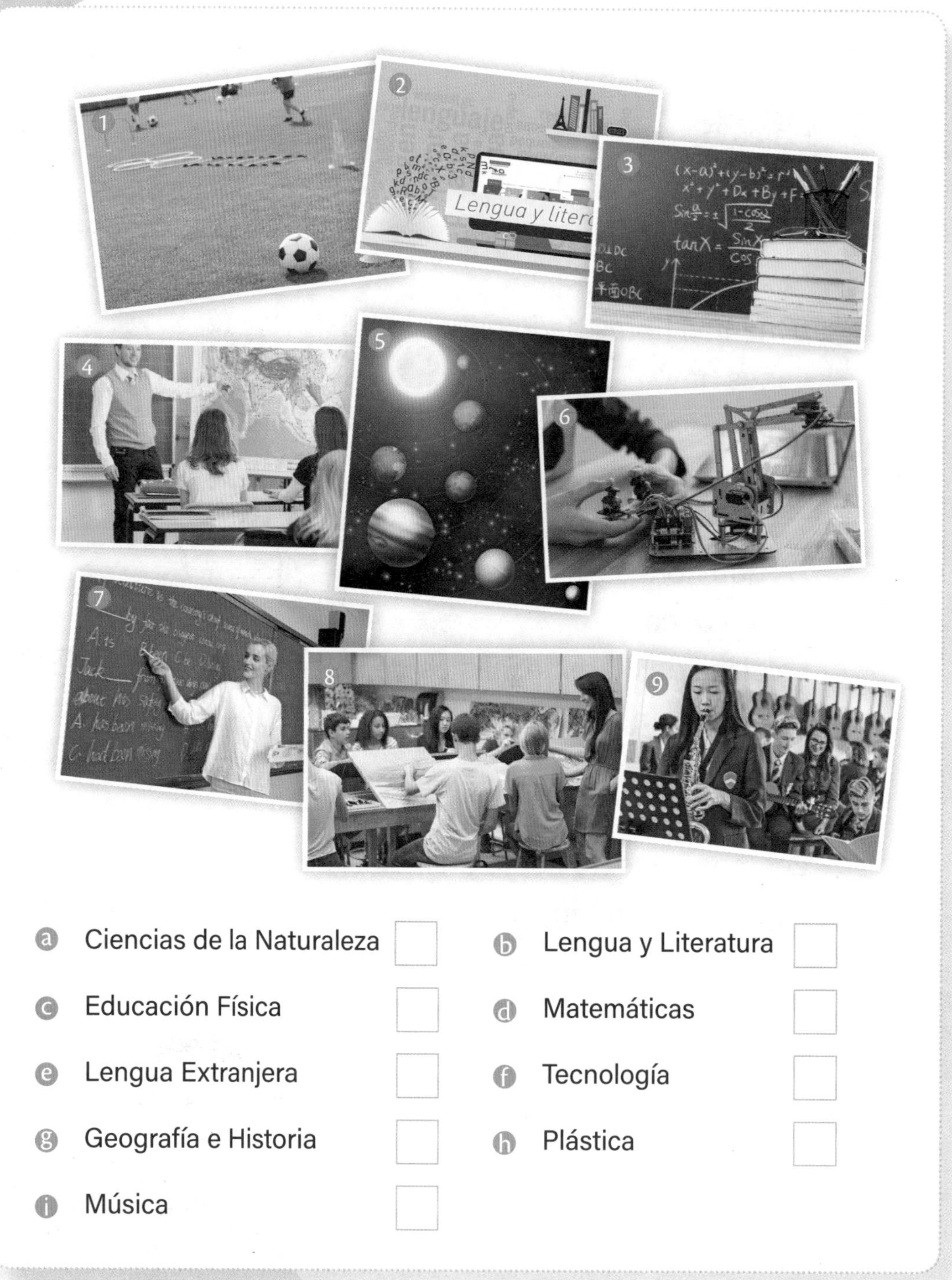

ⓐ	Ciencias de la Naturaleza	☐	ⓑ	Lengua y Literatura	☐
ⓒ	Educación Física	☐	ⓓ	Matemáticas	☐
ⓔ	Lengua Extranjera	☐	ⓕ	Tecnología	☐
ⓖ	Geografía e Historia	☐	ⓗ	Plástica	☐
ⓘ	Música	☐			

A trabajar

3. Escucha y lee el siguiente diálogo para observar a qué/quién se refieren las palabras subrayadas. 边听边读以下对话。请观察划线词指谁/什么。

1. Luis: ¿Qué tal, Ming? Te veo muy cansado.
   Ming: Sí. Los martes siempre estoy cansado. Es un día repleto de clases.
   Luis: ¿Cuántas clases hay?
   Ming: Pues mira, una clase de Matemáticas de las nueve a las nueve y cuarenta y cinco. Luego dos clases de Español. Y a las doce es la de Ciencias. Por la tarde, tengo clases de Historia, Educación Física y Música. En total, son 7 clases.
   Luis: ¡Qué día más intenso tienes!

2. Ming: Además, en la clase de Matemáticas de los martes siempre tenemos un examen. Es muy difícil. Bueno, las Matemáticas siempre son difíciles para mí.
   Luis: ¿Lo haces bien?
   Ming: Regular. Algunas preguntas son fáciles. Las contesto bien. Pero las otras...
   Luis: Venga. También hay cosas interesantes, ¿no?
   Ming: Eso sí. En las clases de español practico mucho. El profesor dice que lo hablo mejor. Y la Historia es mi asignatura preferida. Ah, ¿sabes una cosa? El profesor de Historia lleva hoy unas gafas nuevas, muy redondas. ¡Qué graciosas!
   Luis: ¿Verdad? A ver, mañana también tengo clase de Historia.
   Ming: Bueno, ya es tarde. ¿Nos vamos a casa juntos?
   Luis: Vale, pero ¿me esperas un rato? Tengo que recoger mis cosas.
   Ming: No hay prisa. Te espero a la puerta.

4. Observa los siguientes dibujos. ¿Qué es lo que ve Li Ming en un día normal de colegio? 观察图片。李明在学校平常的一天看到了什么？

Li Ming ve a un señor de guardia muy alto.

Li Ming ve una rosa sobre la mesa de Sara.

Li Ming ve unos libros nuevos en la biblioteca.

Li Ming ve unas gafas nuevas del profesor.

¿Cuál de las cuatro oraciones es diferente a las otras? 上面四句话里哪一句有所不同？

FÍJATE BIEN Gramática

及物动词的直接宾语

及物动词后面可以跟名词，这个名词就是及物动词的直接宾语。

Li Ming ve una rosa sobre la mesa de Sara.

当直接宾语是人的时候，应当在动词后面加上前置词 **a**。

*Li Ming ve **a** un señor de guardia muy alto.*

5. Observa las oraciones con *las* en el ejemplo. Contesta a las siguientes preguntas según el ejemplo. 观察例句，注意直接宾语代词*las*的用法。模仿例句回答下列问题。

*Ejemplo: Algunas preguntas son fáciles y **las** contesto bien.*

1. • ¿Contesta bien Li Ming las preguntas fáciles?
   ○ Sí, ... contesta bien.

2. • ¿También contesta bien las preguntas difíciles?
   ○ No, no .... contesta bien.

FÍJATE BIEN Gramática

直接宾语代词（宾格人称代词）

me	nos
te	os
lo/la	los/las

直接宾语代词放在变位动词前或原形动词后。

*Li Ming **me** espera.*
*　　**te** espera.*
*　　**nos** espera.*
*　　**os** espera.*
*El examen es difícil. Li Ming **lo** hace mal.*
*No puede hacer**lo** bien.*
*No **lo** puede hacer bien.*

6. Ahora escucha las respuestas a las siguientes preguntas, pero desordenadas. Relaciónalas con las preguntas. 现在你会听到下列问题的答案，请按照顺序将答案和问题联系起来。

1. ¿Li Ming ve una rosa sobre la mesa de Sara? ☐
2. ¿Li Ming ve unos libros nuevos en la biblioteca? ☐
3. ¿Li Ming ve unas gafas nuevas del profesor? ☐
4. ¿Conocéis a Li Ming? ☐

7. Escucha y escribe en el horario cuándo son las clases de Matemáticas e Inglés. 听录音，在课表中写出英语课和数学课的上课时间。

Horas	Lunes	Martes	Miércoles	Jueves	Viernes
9 : 00 – 9 : 45	Español			Español	Español
9 : 55 – 10 : 40	Geografía e Historia	Español		Educación Física	Español
10 : 50 – 11 : 35		Español	Ciencias		
11 : 35 – 12 : 00			Recreo		
12 : 00 – 12 : 45		Ciencias		Plástica	

FÍJATE BIEN Expresión

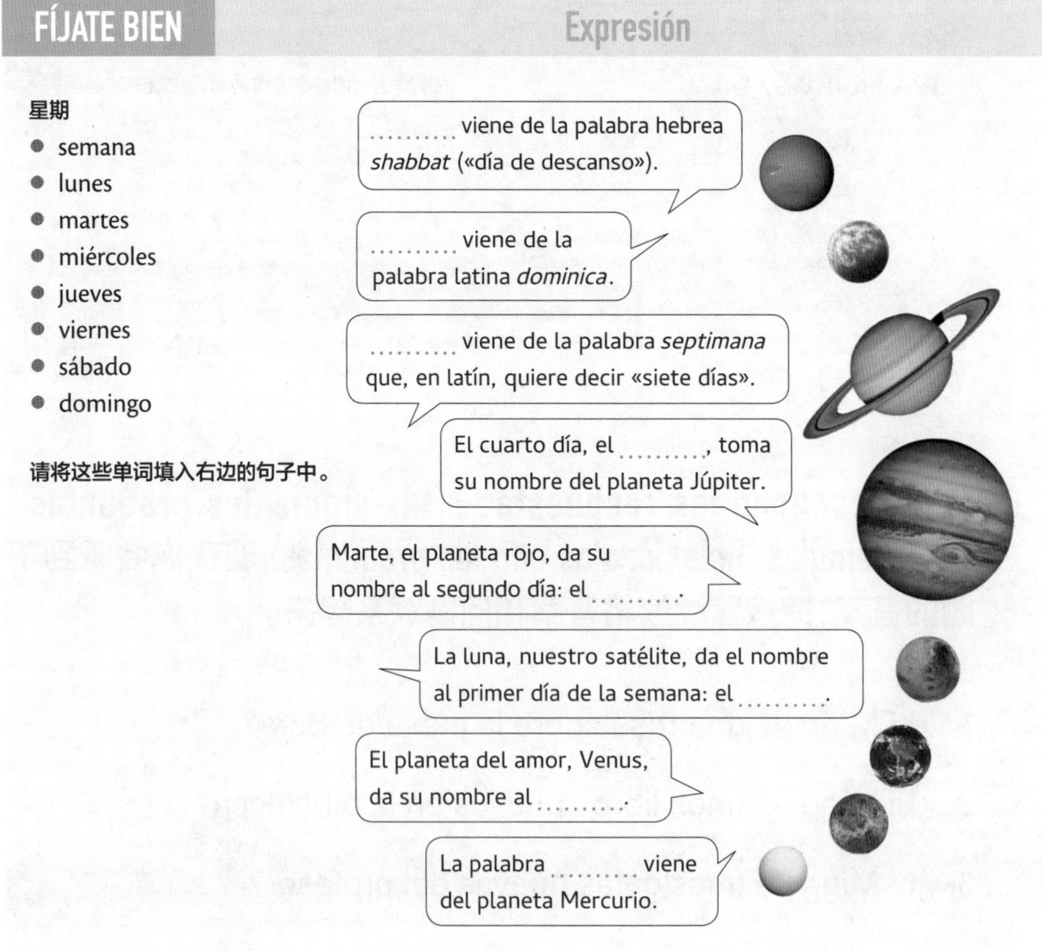

星期
semana
lunes
martes
miércoles
jueves
viernes
sábado
domingo
请将这些单词填入右边的句子中。
.... viene de la palabra hebrea *shabbat* («día de descanso»).
.... viene de la palabra latina *dominica*.
.... viene de la palabra *septimana* que, en latín, quiere decir «siete días».
El cuarto día, el ...., toma su nombre del planeta Júpiter.
Marte, el planeta rojo, da su nombre al segundo día: el ....
La luna, nuestro satélite, da el nombre al primer día de la semana: el ....
El planeta del amor, Venus, da su nombre al ....
La palabra .... viene del planeta Mercurio.

8. Escucha y observa la pronunciación de las sílabas que termina en *an*, *en*, *in*, *on*, *un*. 听录音，观察以*an*, *en*, *in*, *on*, *un*结尾的音节的发音。

Los estudiantes cantan y bailan.

Los niños comen muy lento.

3.
pincel
cojín
Benjamín el chiquitín, corre y corre en el jardín.

4.

jamón

montaña

Ramón el ratón, me gusta un montón.

5.

atún

●

punto

Aún es un niño, pero quiere conocer el mundo.

A practicar

9. Mira el calendario de este año y practica con tu compañero/a siguiendo el ejemplo. 请看今年的日历，仿照例子和同伴进行操练。

Ejemplo:
- *¿Qué día es el 28 de octubre?*
- *Es viernes.*

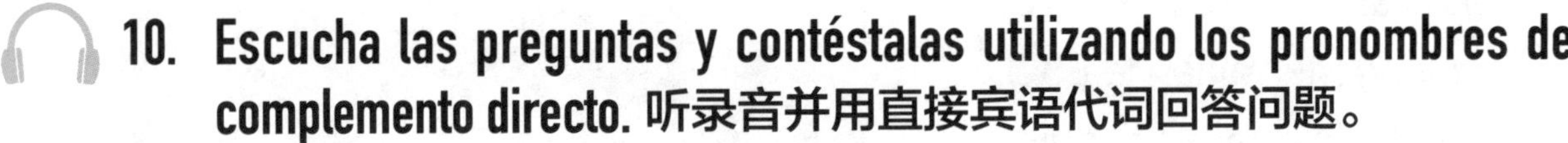

10. Escucha las preguntas y contéstalas utilizando los pronombres de complemento directo. 听录音并用直接宾语代词回答问题。

Ejemplo:
- *¿Entiendes esta frase?*
- *Sí, la entiendo.*

11. Completa las palabras con estas sílabas. Escucha y comprueba la respuesta. 将以下音节填入空格并组成词语。听录音验证答案。

do　　so　　te　　je

gen.........	mun.........	fon.........
den.........	ban.........	hon.........
fun.........	len.........	lin.........
monta.........	guisan.........	inmen.........
profun.........	chanta.........	Alfon.........

12a. Lee el siguiente texto. 请阅读以下短文。

El sistema educativo en España

En España la educación es obligatoria de los 6 a los 16 años. La Educación Primaria empieza a los 6 años y termina a los 12. Antes, hasta los 6, los niños y niñas van a Educación Infantil, pero no es una etapa obligatoria. La Primaria tiene tres ciclos y cada ciclo tiene dos cursos: el primer ciclo lo componen primero y segundo de Primaria; el segundo ciclo, tercero y cuarto; y el tercero, quinto y sexto. Cuando los alumnos tienen 12 años, empiezan la Educación Secundaria Obligatoria (ESO). Esta etapa está compuesta por cuatro cursos. Los alumnos tienen 16 años cuando terminan la ESO, después pueden seguir estudiando otras enseñanzas no obligatorias como el Bachillerato o la Formación Profesional.

12b. Busca información en Internet sobre el sistema educativo de un país de América Latina (Cuba, México...). Explícaselo a tus compañeros. Y entre todos comentáis la diferencia entre el sistema educativo de China y el de los países hispanohablantes. 请在网上查询一个拉美国家（如古巴、墨西哥等）的教育制度，并向同学们介绍。讨论中国与西语国家在教育制度方面的差异。

Proyecto cultural

13a. En España, los alumnos de 12 a 16 años estudian la Enseñanza Secundaria Obligatoria (ESO). La ESO se estudia en un Instituto de Educación Secundaria o en un centro privado. Estas son las asignaturas optativas que ofrece una escuela española a los alumnos de cada curso, además de las asignaturas comunes. ¿Conoces estas asignaturas? Pregunta a tu profesor/a si tienes dudas. ¿Cuáles son las asignaturas optativas de tu escuela? 在西班牙，12到16岁的学生必须接受义务制中等教育（简称ESO）。义务制中等教育的实施地点可以是中等教育学校或者私立学校。以下是西班牙的一所学校给每个年级学生除常规课程以外提供的选修课程。你知道这些是什么课吗？如有疑问可向老师询问。你的学校有哪些选修课呢？

1°ESO	2°ESO	3°ESO	4°ESO
Francés	Francés	Francés	Francés
Recuperación de Matemáticas	Recuperación de Matemáticas	Recuperación de Matemáticas	Iniciación a la Vida Laboral
Recuperación de Lengua	Recuperación de Lengua	Cultura Clásica	Cultura Clásica
Taller de Música	Imagen y Comunicación	Movimiento y Creatividad Corporal	Ampliación de Biología y Geología
		Iniciación Profesional a la Electricidad y Electrónica	Ampliación de Física y Química
		Teatro	Geografía Económica
			Literatura Universal

13b. ¿Cuál es tu asignatura favorita? Y, ¿por qué? Coméntalo con tus compañeros. 你最喜欢的课程是哪一门？为什么呢？和你的同学交流一下。

Canta y recita

Días de la semana

Mi semana tiene siete días
y te los quiero contar.
Mi semana tiene siete días
y te los voy a presentar.

Lunes, temprano me voy a levantar.
Martes, miércoles me gusta cantar.
Jueves, tantos días para disfrutar.
Viernes, fin de semana que está por llegar.
Sábado y domingo que llegaron y me encanta ir a pasear.
Siete días tengo de juegos y todo vuelve a comenzar.
Todo vuelve a comenzar.

Mi semana tiene siete días
y te los quiero contar.
Mi semana tiene siete días
y te los voy a presentar.

Lunes, temprano me voy a levantar.
Martes, miércoles me gusta cantar.
Jueves, tantos días para disfrutar.
Viernes, fin de semana que está por llegar.
Sábado y domingo que llegaron y me encanta ir a pasear.
Siete días tengo de juegos y todo vuelve a comenzar.
Todo vuelve a comenzar.

Para terminar

COMUNICACIÓN	GRAMÁTICA
◆ **Para hablar de las asignaturas:** La clase de Historia es los miércoles de las nueve a las diez menos cuarto. ◆ **Para describir las actividades en clase:** En la clase de Lengua y Literatura, leemos un texto y contestamos las preguntas del profesor.	◆ **El complemento directo y los pronombres de complemento directo:** ✓ No entiendo esta palabra. → No la entiendo. ✓ Vamos a esperar a Juan y Diego. → Vamos a esperarlos. / Los vamos a esperar.

Vocabulario

educación física / 体育

martes / *m.* / 星期二

aprender / *tr.* / 学习,学会

animal / *m.* / 动物

cansado, da / *adj.* / 疲倦的

repleto, ta / *adj.* / 满的

ciencia / *f.* / 科学

historia / *f.* / 历史

música / *f.* / 音乐

en total / 总共

intenso, sa / *adj.* / 紧张的

examen / *m.* / 考试

difícil / *adj.* / 难的

regular+ / *adj.* / 一般的,不好不坏的

fácil / *adj.* / 容易的

practicar / *tr.* / 操练

mejor / *adv.* / 较好地,更好地

asignatura / *f.* / 课程

preferido, da / *p.p.* / 偏爱的

redondo, da+ / *adj.* / 圆的

gracioso, sa+ / *adj.* / 有趣的,滑稽的

tarde / *adv.* / 晚

esperar / *tr.* / 等待

rato / *m.* / 片刻

recoger / *tr.* / 收拾

No hay prisa.+ / 不急。

UNIDAD 4 En clase

LECCIÓN 12 ¿QUÉ HACEMOS?

En esta lección vamos a aprender a:

- decir un plan
- explicar el proceso de una actividad

Para ello vamos a aprender:

- las perífrasis verbales
- el complemento indirecto
- los pronombres de complemento indirecto
- la pronunciación de *c* delante de las consonantes *c, n, t, d*

EL PERRO HACE GUAU,
EL GATO HACE MIAU,
EL PATO HACE CUA.

Para empezar

1. Escucha y lee. 边听边读。

¿Cómo aprender una palabra?

Primero el profesor nos enseña una palabra nueva.

Luego la tenemos que aprender de memoria.

Después, a lo mejor la olvidamos.

Y un día, podemos encontrarla en algún texto y la recordamos de nuevo.

Así no vamos a olvidarla nunca.

2. Relaciona las siguientes actividades con las fotos. 将下列活动与图片联系起来。

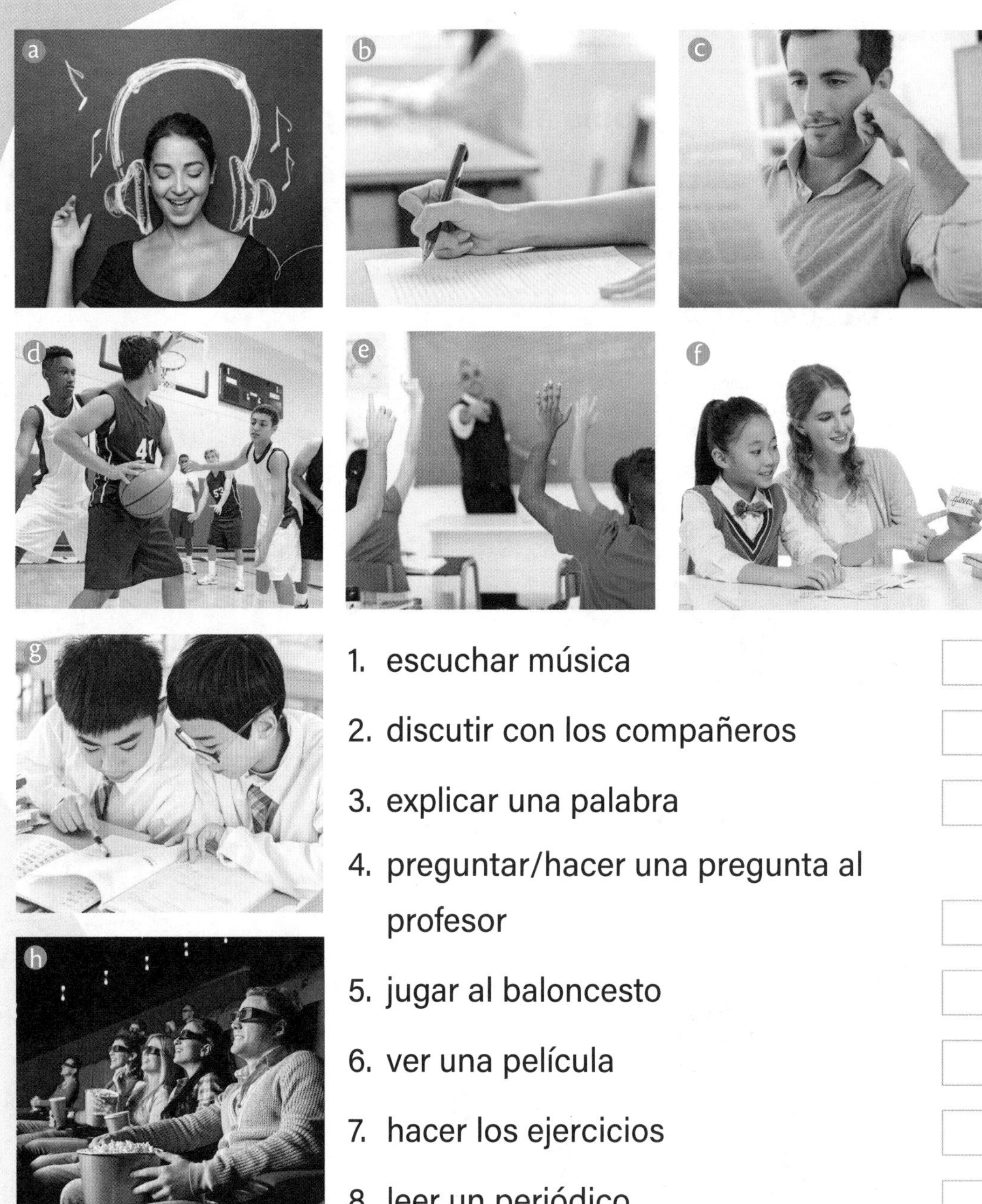

1. escuchar música
2. discutir con los compañeros
3. explicar una palabra
4. preguntar/hacer una pregunta al profesor
5. jugar al baloncesto
6. ver una película
7. hacer los ejercicios
8. leer un periódico

¿En qué clases haces estas cosas? 你在什么课上会做以上这些事呢？

Ejemplo:

- *Hago los ejercicios en las clases de Español.*
- *Pues yo hago los ejercicios también en las clases de Matemáticas.*

A trabajar

3. Escucha y lee el siguiente diálogo para observar el uso y el significado de las palabras subrayadas. 边听边读以下对话。请观察划线词的用法和含义。

1. David: Oye, chicos. El profesor de Matemáticas no viene hoy. Está enfermo. Tenemos la hora libre.
   Ming: ¡Vaya! Entonces, ¿qué hacemos?
   David: El tutor nos va a traer unos ejercicios. Los podemos hacer en clase. Pero yo voy a jugar al baloncesto con los del curso 8.
   María: Pues yo voy a leer el periódico porque tengo que preparar una presentación para la clase de Lengua y Literatura. Y Ming, ¿tú qué vas a hacer?
   Ming: Creo que voy a hacer los ejercicios. Quiero terminarlos pronto.

2. David: Venga, hombre, juega con nosotros.
   Ming: No. Es que necesito estudiar más.
   María: ¡Si ya estudias mucho!
   Ming: Sí, pero todavía tengo problemas. Por ejemplo, después de las clases de Español siempre leo cuentos en español, pero no los entiendo muy bien.
   David: ¿El profesor no te explica las palabras desconocidas?
   Ming: Sí, pero no lo escucho bien porque habla un poco rápido.
   María: Es normal. Solo llevas unos meses en España.
   Ming: Tienes razón. Bueno, ¿qué le vamos a hacer?
   David: No te preocupes. Es cuestión de tiempo.

4. Completa las siguientes frases según el diálogo de la actividad 3. 根据练习3的对话，将下列句子补充完整。

1. El profesor de Matemáticas no viene. Los alumnos pueden ______________ los ejercicios en clase.

2. David va a ______________ al baloncesto con los del curso 8.

3. María va a ______________ el periódico porque tiene que ______________ una presentación.

4. Li Ming va a ______________ los ejercicios. Quiere ______________ pronto. Y cree que necesita ______________ más.

FÍJATE BIEN Gramática

动词短语

动词短语是由两个或两个以上的动词组成的语法结构。通常由辅助动词（有时加连接词）和主要动词构成。在句子中只有辅助动词需要变位。

tener que/hay que/ir a/poder/querer/necesitar + inf.

5. Subraya los complementos directos de las siguientes oraciones y busca los pronombres de complemento indirecto. ¿A qué se refieren estos pronombres? 划出下列句子中的直接宾语，并找出间接宾语代词，说说这些代词分别指代什么？

1. El tutor nos va a traer unos ejercicios.

2. ¿El profesor no te explica las palabras desconocidas?

3. Todos los días Li Ming me da una rosa.

4. Li Ming está muy contento porque Mariana le va a enseñar la casa.

5. ¿Puedes explicarme este texto? Es que no lo entiendo.

FÍJATE BIEN Gramática

间接宾语

如果一个动词有直接宾语，那么间接宾语就是这个动词所描述的动作的对象或受益人。间接宾语一般是人，所以前面要加前置词**a**。

*Todos los viernes Mariana le prepara una buena cena **a Li Ming**.*

*David nos trae los libros **a nosotros**.*

间接宾语代词（与格人称代词）

me	nos
te	os
le	les

6. Completa las oraciones con los pronombres de complemento indirecto adecuados. Escucha y comprueba tu respuesta. 用适当的间接宾语代词将下列句子补充完整。听录音验证答案。

1. Tú estás contento porque la profesora siempre .... pone un diez para tu presentación.

2. Nosotros no estamos contentos porque la profesora siempre .... da ejercicios muy difíciles.

3. Vosotros estáis contentos porque la profesora .... canta una canción.

4. Yo estoy contento porque todos los días Li Ming .... trae el periódico.

5. Las chicas están contentas porque David siempre .... da muchas flores.

6. Li Ming no está contento porque la profesora no .... puede explicar las palabras desconocidas hablando lento y claro.

FÍJATE BIEN Gramática

间接宾语代词在和动词短语一同使用时，和直接宾语代词一样，既可以放在变位动词前，也可以放在原形动词后与之连写。

*Li Ming no está contento porque el profesor no **le** puede explicar las palabras desconocidas hablando lento y claro.*

或

*Li Ming no está contento porque el profesor no puede explicar**le** las palabras desconocidas hablando lento y claro.*

7. Escucha y observa la pronunciación de la consonante *c* cuando está delante de *c, n, t, d.* 听录音，观察辅音*c*位于*c*, *n*, *t*, *d*前时的发音。

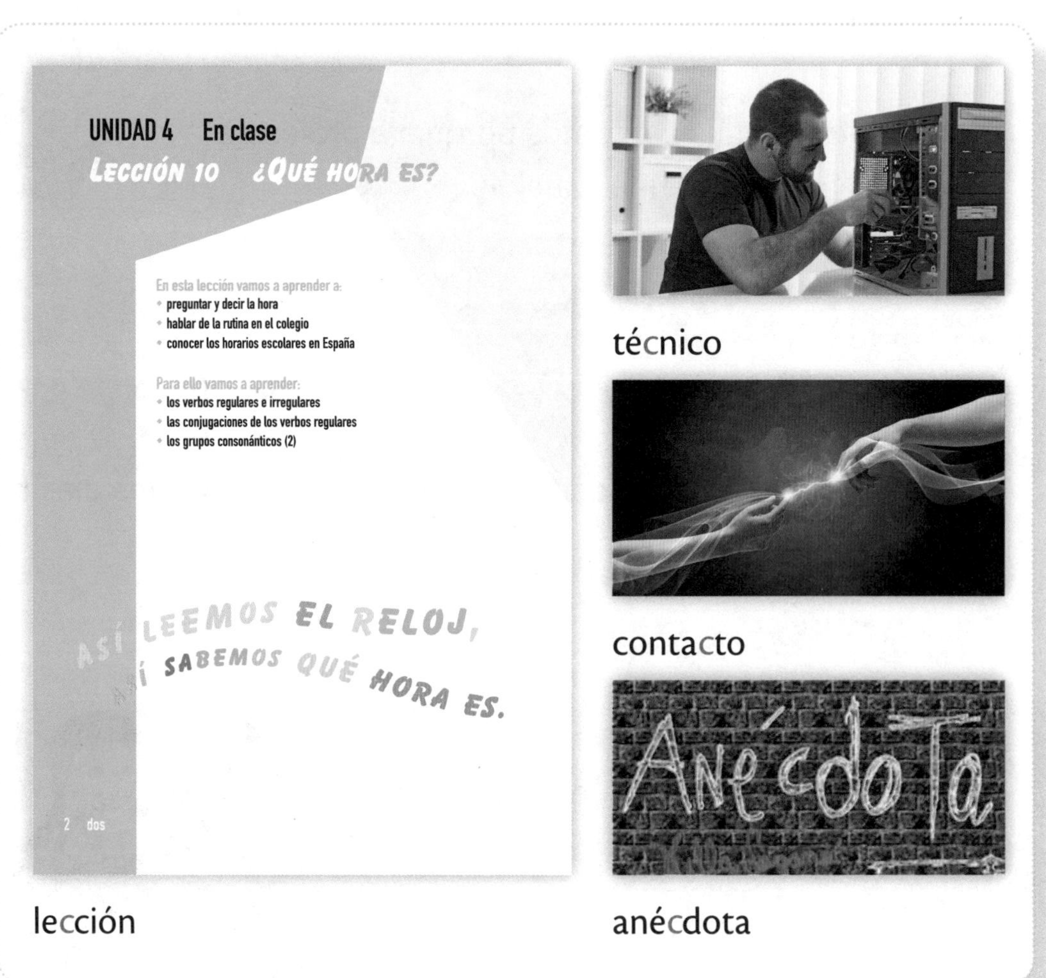

técnico

contacto

lección

anécdota

A practicar

8. En pareja, construid diálogos eligiendo una invitación e inventando una excusa para rechazarla. Podéis referiros al ejemplo. 和你的同伴对话操练，请选择邀请内容并想象一个借口婉拒对方的邀请。你们可以参照例子。

Ejemplo:

- *Vamos a jugar al baloncesto el sábado. ¿Quieres jugar con nosotros?*
- *No puedo jugar con vosotros. Es que tengo que estudiar.*

Invitaciones:

- Ver una película mañana
- Hacer deporte a las cuatro
- Preparar una cena esta noche
- Terminar el trabajo hoy
- Esperar el autobús para ir al colegio
- Leer en la biblioteca

9. Contesta a las siguientes preguntas como en el ejemplo. 参照例子回答以下问题。

Ejemplo:

- *¿Qué le vas a regalar?*
- *Le voy a regalar unos libros. / Voy a regalarle unos libros.*

1. ¿Qué me queréis preguntar?
2. ¿Qué tenemos que explicarle a él?
3. ¿Qué nos vas a traer?
4. ¿Qué necesito darle a usted?
5. ¿Qué nos pueden enseñar ellos?
6. ¿Qué hay que leer a los niños?

10. Explica a tus compañeros cómo realizas las siguientes actividades usando las perífrasis verbales adecuadas. 向你的同学们解释如何开展以下活动，请适当使用动词短语。

- Hacerse amigo/a de otra persona
- Aprender un idioma
- Leer más rápido
- Tomar el metro
- Encontrar un trabajo a tiempo parcial
- Dar una presentación en público

11a. Lee el siguiente texto. ¿En qué actividades quieres participar? ¿Por qué? 请阅读以下短文。你想参加哪些活动呢？为什么？

¿En qué actividades quieres participar?

Imagina que tu escuela organiza las siguientes actividades para los estudiantes de español.

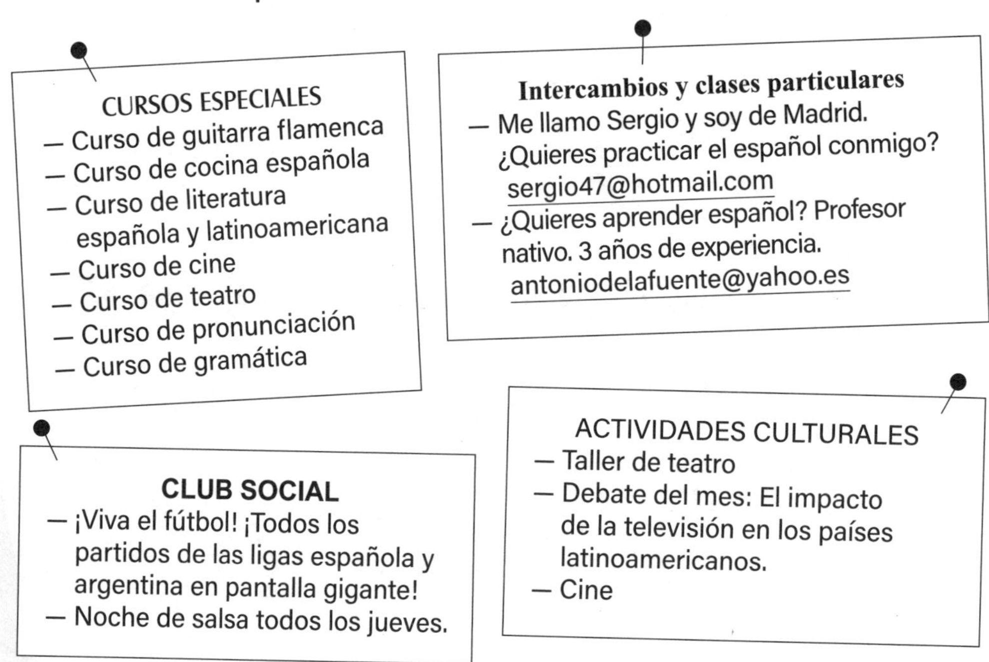

CURSOS ESPECIALES
— Curso de guitarra flamenca
— Curso de cocina española
— Curso de literatura española y latinoamericana
— Curso de cine
— Curso de teatro
— Curso de pronunciación
— Curso de gramática
Intercambios y clases particulares
— Me llamo Sergio y soy de Madrid. ¿Quieres practicar el español conmigo? sergio47@hotmail.com
— ¿Quieres aprender español? Profesor nativo. 3 años de experiencia. antoniodelafuente@yahoo.es
CLUB SOCIAL
— ¡Viva el fútbol! ¡Todos los partidos de las ligas española y argentina en pantalla gigante!
— Noche de salsa todos los jueves.
ACTIVIDADES CULTURALES
— Taller de teatro
— Debate del mes: El impacto de la televisión en los países latinoamericanos.
— Cine

Ejemplo: Yo quiero participar en el club social.
Parece que es muy divertido.

11b. Diseña un cartel de actividades para los estudiantes extranjeros que aprenden chino. 请为学习中文的外国学生设计一款活动海报。

Proyecto cultural

12a. En China, el horóscopo está representado por 12 animales del zodiaco. ¿Qué signo eres? 在中国，人们用十二生肖代表属相。你是属什么的？

Rata 1912, 1924, 1936, 1948, 1960, 1972, 1984, 1996, 2008, 2020	Buey 1901, 1913, 1925, 1937, 1949, 1961, 1973, 1985, 1997, 2009, 2021	Tigre 1902, 1914, 1926, 1938, 1950, 1962, 1974, 1986, 1998, 2010, 2022	Conejo 1903, 1915, 1927, 1939, 1951, 1963, 1975, 1987, 1999, 2011, 2023
Dragón 1904, 1916, 1928, 1940, 1952, 1964, 1976, 1988, 2000, 2012, 2024	Serpiente 1905, 1917, 1929, 1941, 1953, 1965, 1977, 1989, 2001, 2013, 2025	Caballo 1906, 1918, 1930, 1942, 1954, 1966, 1978, 1990, 2000, 2014, 2026	Cabra 1907, 1919, 1931, 1943, 1955, 1967, 1979, 1991, 2003, 2015, 2027
Mono 1908, 1920, 1932, 1944, 1956, 1968, 1980, 1992, 2004, 2016, 2028	Gallo 1909, 1921, 1933, 1945, 1957, 1969, 1981, 1993, 2005, 2017, 2029	Perro 1902, 1914, 1926, 1946, 1958, 1970, 1982, 1994, 2006, 2018	Cerdo 1903, 1915, 1927, 1947, 1959, 1971, 1983, 1995, 2007, 2019

12b. En español, también existen 12 signos del zodiaco. Cuando hablamos de ellos, usamos principalmente los verbos *ser* o *pertenecer*. ¿Sabes cuál es tu signo del zodiaco? ¿Qué diferencias hay entre el horóscopo chino y el español? 西班牙语中有十二星座。谈论星座时，我们主要使用动词*ser*和*pertenecer*。你知道自己的星座吗？生肖和星座有什么区别呢？

Ejemplo:
Soy cáncer. / Pertenezco al signo de Cáncer.

Canta y recita

La canción de los sonidos de los animales

El perro hace guau,
guau, guau, guau.
El gato hace miau,
miau, miau, miau.
El pato hace cua,
cua, cua, cua.
Guau. Miau. Cua.

La vaca hace muu,
muu, muu, muu.
La oveja hace bee,
bee, bee, bee.
El cerdo hace oinc,
oinc, oinc, oinc.
Muu. Bee. Oinc

El pájaro hace pío,
pío, pío, pío.
El ratón hace iii,
iii, iii, iii.

La gallina hace clo,
clo, clo, clo.
Pío. Iii. Clo.

La serpiente hace sss,
sss, sss, sss.
El caballo hace hiii,
hiii, hiii, hiii.
La rana hace croá,
croá, croá, croá.
Sss. Hiii. Croá.

El oso hace gruá,
gruá, gruá, gruá.
El león hace arrg,
arrg, arrg, arrg.
El elefante hace pru,
pru, pru, pru.
Gruá. Arrg. Pru.

Para terminar

COMUNICACIÓN	GRAMÁTICA
◆ **Para decir un plan:** Voy a leer en la biblioteca este fin de semana. Tengo que hacer una presentación la próxima semana. ◆ **Para explicar el proceso de una actividad:** Para preparar una presentación, primero pienso en un tema. Luego busco unos libros en la biblioteca y los leo. Después, escribo un texto y lo aprendo de memoria.	◆ **Las perífrasis verbales:** *tener que/hay que/ ir a/poder/querer/necesitar + inf.* ◆ **El complemento indirecto y los pronombres de complemento indirecto:** También les comento el tema a mis amigos. → También les comento el tema.

Vocabulario

primero / *adv.* / 首先
luego / *adv.* / 然后,过后
tener que / 必须
memoria / *f.* / 记忆
después / *adv.* / 然后,过后
a lo mejor / 也许,或许
olvidar / *tr.* / 忘记
encontrar / *tr.* / 找到
recordar / *tr.* / 记住
de nuevo+ / 重新
nunca / *adv.* / 从不;决不
hacer preguntas / 提问
jugar / *intr.* / 游戏,玩耍
baloncesto / *m.* / 篮球
película / *f.* / 电影
ejercicio / *m.* / 练习
periódico / *m.* / 报纸
enfermo, ma / *adj.* / 生病的
libre / *adj.* / 空闲的,自由的
hacer / *tr.* / 做,干
traer / *tr.* / 带来
curso / *m.* / 学年
preparar / *tr.* / 准备
presentación / *f.* / 演示,课堂展示
lengua / *f.* / 语言
literatura / *f.* / 文学
querer / *tr.* / 想,要
pronto / *adv.* / 早
estudiar / *intr.* / *tr.* / 学习
más / *adv.* / 更多
todavía / *adv.* / 还,依旧
problema / *m.* / 问题
por ejemplo / 比如
cuento / *m.* / 故事
desconocido, da / *adj.* / 陌生的
normal / *adj.* / 正常的
llevar / *tr.* / 度过,历时
mes / *m.* / 月,月份
España / *n. pr.* / 西班牙
No te preocupes.+ / 你别担心。
cuestión+ / *f.* / 问题,事情
tiempo / *m.* / 时间
cantar / *intr.* / *tr.* / 唱歌
canción / *f.* / 歌曲
contento, ta / *adj.* / 高兴的,满意的

UNIDAD 5 Vida cotidiana

Lección 13 ¿Dónde vives?

En esta lección vamos a aprender a:

- pedir y dar información sobre el domicilio
- invitar a amigos a casa de manera informal

Para ello vamos a aprender:

- el interrogativo: *dónde*
- los números ordinales: 1—10
- combinación de los pronombres
- las palabras tónicas y átonas

Que sí, que no, que todo se le olvidó.

Para empezar

1. Escucha y lee. 边听边读。

¿Dónde vives?

1. Vivo en una casa, en la avenida de Gracia.
2. Pues yo vivo en un piso en Valencia, en el tercero.
3. Yo vivo en una calle importante, en el segundo piso.
4. Y yo vivo en una ciudad pequeña, en la plaza más importante.

2. Relaciona las cartas con los textos anteriores. 把以下信件和上文联系起来。

3. Forma preguntas con el interrogativo *dónde* sobre la parte en cursiva de las siguientes oraciones. Escucha los diálogos y comprueba. 用疑问词***dónde***针对下列句子的斜体部分提问。听对话，验证答案。

Ejemplo:

- Li Ming vive en la calle Vergel, número 98, tercero A.
- ¿Dónde vive Li Ming?

1. La casa de Mariana está *en la calle Vergel*.
2. La escuela de Li Ming está *en el centro de la ciudad*.
3. David está *en la biblioteca*.
4. Julia estudia *en una escuela muy buena*.
5. Miguel trabaja *en la policía local de un pueblo*.

FÍJATE BIEN Gramática

疑问代词 dónde

¿Dónde + 动词变位？

- *¿Dónde vives?*
- *En Madrid.*

4. Observa los buzones del edificio en el que vive Li Ming e indica en qué piso viven las personas de la siguiente lista. 看李明住处的信箱，并说出下列人物住在几楼。

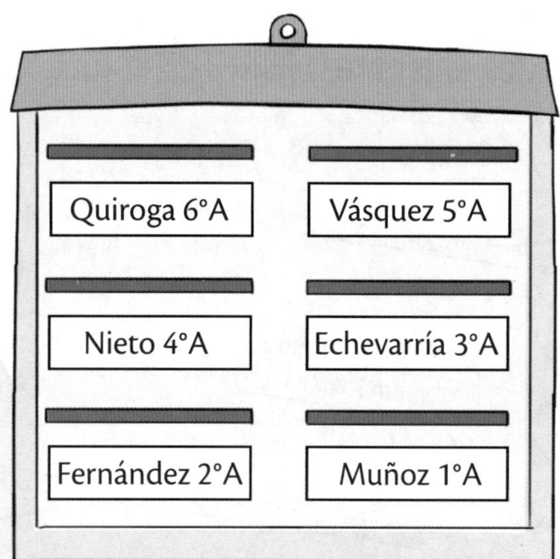

FÍJATE BIEN Gramática

序数词1—10

1 primero
2 segundo
3 tercero
4 cuarto
5 quinto
6 sexto
7 séptimo
8 octavo
9 noveno
10 décimo

注意：

- **阴阳性一致。**
  el segundo piso/la segunda planta
- **primero和tercero在阳性单数名词前使用时，必须去掉末尾字母o。**
  *el **primer** piso/el **tercer** piso*

Miguel Echevarría López
Juan José Nieto Bernabéu
Ana María Muñoz Rodríguez
Javier Vásquez Santana
Fernando Fernández Fernán
Serena Quiroga Domínguez

Ejemplo: Miguel vive en el tercer piso.

A trabajar

5. Escucha y lee el siguiente diálogo para observar el uso de los pronombres de complemento directo e indirecto subrayados en una misma secuencia. 边听边读以下对话。请观察划线直接宾语代词和间接宾语代词同时出现时的用法。

Mariana: Esta noche voy a preparar una paella en casa. ¿Vienes a cenar con nosotros?
Ming: ¡Por supuesto!
Mariana: Si quieres, también puedes invitar a unos amigos.
Ming: ¿De verdad? ¡Qué bien! Los voy a llamar.
Mariana: Vale.

(Por teléfono)
Ming: ¿David? Oye, soy Li Ming. Esta noche Mariana va a hacer una paella en casa. ¿Quieres venir a cenar?
David: ¡Qué guay! Y ¿puedo ir con Gabriel y Sara? Es que justo ahora estamos juntos en la biblioteca.
Ming: Claro. Bienvenidos.
David: Por cierto, ¿dónde vives tú?
Ming: Pues... eso... no lo sé.
David: Seguro que lo sabe Mariana. ¿Por qué no se lo preguntas?
Ming: De acuerdo. Luego te llamo, ¿vale?
David: Venga, hasta luego.

Ming: Mariana, van a venir tres amigos míos, pero el problema es que les tengo que decir dónde vivimos.
Mariana: Sí, sí, hay que decírselo. Vivimos en la calle Vergel, número 98, tercero A.
Ming: La calle Ve...

Mariana: Bueno, te lo escribo en un papel. Es un poco difícil. Toma. Ya está.

Ming: Perfecto. Muchas gracias.

6. Subraya los complementos directos e indirectos de las siguientes oraciones. Luego indica a qué se refieren los pronombres de complemento directo e indirecto. 划出下列句子中的直接宾语和间接宾语，并指出旁边句子中的代词分别指代什么。

David necesita una pluma.

Li Ming tiene una pluma. → Li Ming *la* tiene.

Li Ming da una pluma a David. → Li Ming *le* da una pluma.

Li Ming da una pluma a David. → Li Ming *se la* da.

Ahora subraya los complementos directos e indirectos de las siguientes oraciones y completa con los pronombres adecuados. 现在请划出下列句子中的直接宾语和间接宾语，并在空格里填上相应的代词。

1. Li Ming no sabe dónde vive.
   Mariana sabe dónde vive. → Mariana .... sabe.
   Li Ming pregunta a Mariana dónde vive. → Li Ming .... pregunta dónde vive.
   Li Ming pregunta a Mariana dónde vive. → Li Ming .... pregunta.

2. Los amigos no saben dónde vive Li Ming.
   Li Ming tiene que decir a los amigos dónde vive.
   → Li Ming .... tiene que decir dónde vive.
   Hay que decir a los amigos dónde vive. → Hay que decír........ .

3. Li Ming no sabe cómo se escribe la dirección.

   Mariana escribe esto a Li Ming en un papel.

   → Mariana .... escribe en un papel.

FÍJATE BIEN Gramática

直接宾语和间接宾语同时出现

当直接宾语和间接宾语代词在句子中同时出现时，两个代词总是先后出现，间接宾语代词置于直接宾语代词前。非重读人称代词应置于变位动词前。

***Te lo** escribo en un papel.*

当它们与动词短语一同使用时，非重读人称代词置于变位动词前。

***Te lo** voy a escribir en un papel.*

或置于原形动词后，与之连写。（别忘了在重读音节上加重音符号！）

*Voy a escribír**te**lo en un papel.*

注意，当两种代词一同使用时，间接宾语代词 le 和 les 要变为 se。

*¿Por qué no se lo preguntas? (**Mariana→le→se**)*

*Hay que decírselo. (**los amigos→les→se**)*

7. Escucha y lee las siguientes oraciones y observa cuáles son las palabras tónicas y cuáles son átonas. 听读下列句子，观察句子中哪些词是重读词，哪些是非重读词。

1. Jorge está en la clase.
2. En el aula hay una pizarra, unas mesas y sillas.
3. Somos treinta y cinco en nuestro grupo.
4. Mi casa está muy lejos de la escuela, pero siempre llego pronto.

FÍJATE BIEN Fonética

通常下列类型的词语为非重读词：

- **介词：en, de, a...**
- **定冠词：el, la, los, las**
- **非重读物主形容词：mi, tu, su, nuestro...**
- **连词：y, pero...**
- **直接宾语代词和间接宾语代词：me, te, lo, le, se...**
- **两位数的数词：treinta, cuarenta, cincuenta...**

8. Lee los sobres y subraya las abreviaturas de *calle*, *plaza*, *avenida*, *número* y *paseo*. 阅读以下信封，划出***calle*, *plaza*, *avenida*, *número*** 和 ***paseo*** 的缩写形式。

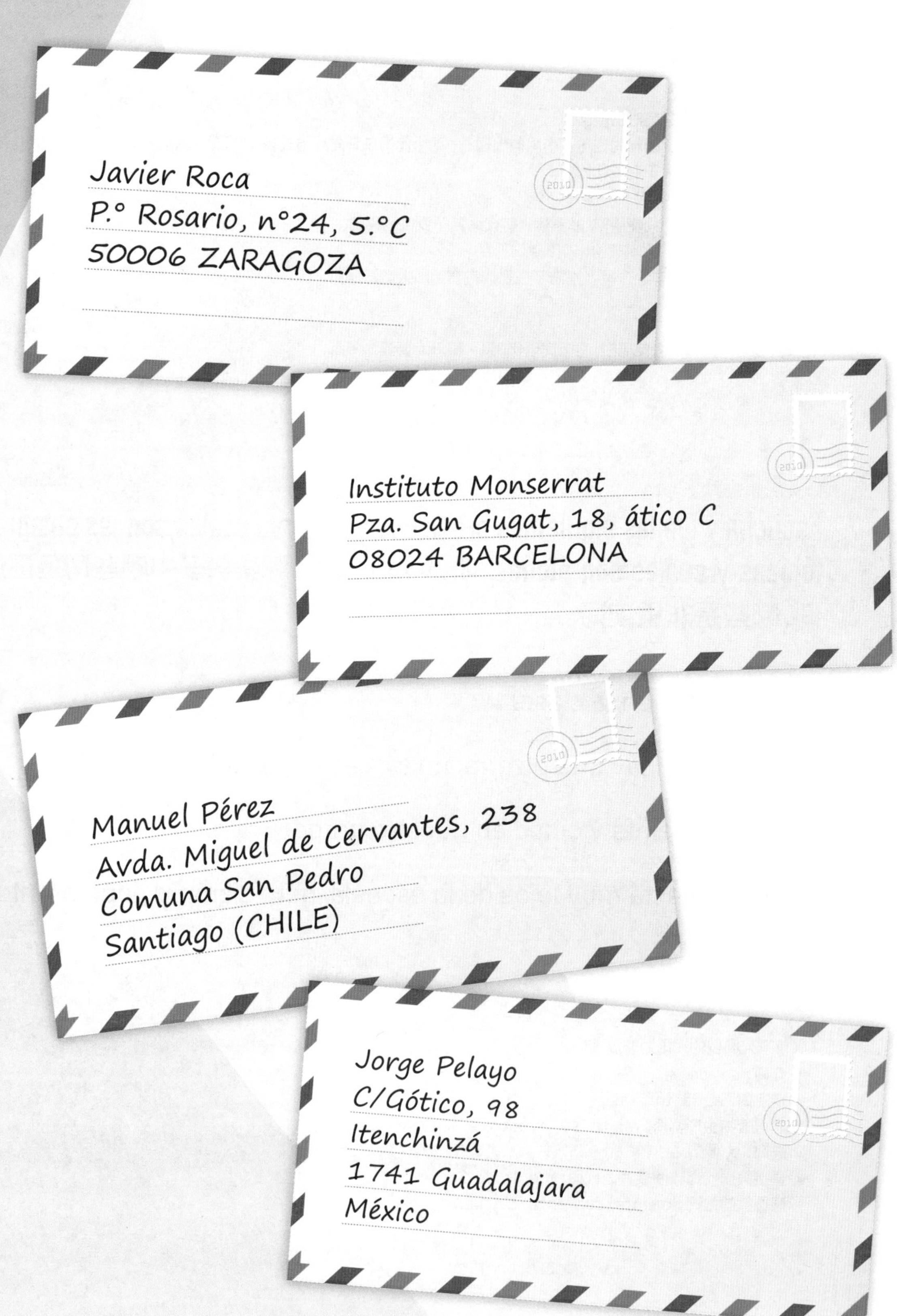

Javier Roca
P.° Rosario, n°24, 5.°C
50006 ZARAGOZA
Instituto Monserrat
Pza. San Gugat, 18, ático C
08024 BARCELONA
Manuel Pérez
Avda. Miguel de Cervantes, 238
Comuna San Pedro
Santiago (CHILE)
Jorge Pelayo
C/Gótico, 98
Itenchinzá
1741 Guadalajara
México

A practicar

9. Completa las siguientes frases utilizando los ordinales. 用序数词将下列句子补充完整。

1. Vivo en el (7) ______________ piso de este edificio.
2. Las hijas de Carlos son las (1) ______________ de la clase.
3. Es el (8) ______________ libro de este escritor.
4. En la (6) ______________ planta hay muchas oficinas.
5. Septiembre es el (9) ______________ mes del año.
6. Mira, este es mi (1) ______________ trabajo con el ordenador.
7. Julia es la (5) ______________ hija. Tiene cuatro hermanos mayores.
8. Estamos en la (1) ______________ mitad del siglo XXI.
9. La *d* es la (4) ______________ letra del alfabeto.
10. Mi (2) ______________ sobrina se llama Carlota, y el (1) ______________, Aitor.

10. Lee el nombre de los siguientes reyes y reinas. 请念出以下国王或女王的名字。

1. Felipe VI
2. Juan Carlos I
3. Alfonso X
4. Carlos IV
5. Isabel II
6. Fernando V
7. Juana I
8. Luis I

11. Vas a oír cuatro conversaciones en las que unos españoles dan sus direcciones. Son cuatro de estas. ¿Cuáles? ¿Puedes leer todas las direcciones de la lista? 你将听到四段对话，在这些对话中几位西班牙人会给出他们的地址。请在以下地址中找到你听到的，并读出所有的地址。

- [ ] Pza. Mayor 89, ático, izquierda
- [ ] Avda. de América, 97
- [ ] C/ Zabaleta 65, esc. B, 7°A
- [ ] Avda. Zabaleta 65, esc. B, 5°A
- [ ] P.° de la Castellana, 43
- [ ] Pza. de la Castellana, 43
- [ ] Avda. de América, 96
- [ ] C/Mayor 89, ático, derecha

12a. Lee el siguiente texto. Marca verdadero o Falso. 请阅读以下短文。判断正误。

Numeración de pisos (o plantas) en edificios

Hay diferencias en las costumbres de numerar los pisos, o las plantas de los edificios, entre los diferentes países.

En la mayor parte de Europa, Iberoamérica y en la Mancomunidad Británica de Naciones, el piso situado en el nivel del terreno es la planta baja, y el piso de encima es la primera planta, manteniéndose el empleo continental europeo que pasa de moda a partir de la construcción de palacios.

En Estados Unidos y Canadá (excepto

en Québec), el piso en el nivel del terreno es, por lo general, la primera planta y el piso de encima es el segundo piso. Este sistema también es usado en Chile, Rusia y otros países de la ex Unión Soviética.

En algunos edificios no existe la planta número trece, pasando la numeración de la planta doce a 12A, o la catorce. Se debe al temor irracional al número 13, llamado *triscaidecafobia*. Ocurre en algunos hoteles, para intentar evitar que afecte a personas que padecen esta manía.

1. En España, el piso más bajo de un edificio es la primera planta. ☐
2. En Estados Unidos, Chile y Reino Unido se aplica el mismo sistema de numeración. ☐
3. En España no existe la numeración de la planta 13. ☐

12b. Comenta con tus compañeros las formas de numeración de pisos en China. 请和你的同学讨论中国标记楼层的方式。

Proyecto cultural

13a. ¿Conoces las siguientes calles de España? Busca información en Internet y relaciona sus nombres con las ciudades en las que se encuentran. ¿Sabes cuál es la diferencia entre una vía, una rambla, una avenida, un paseo, una calle, una rúa y una calleja? Puedes consultar un diccionario. Si tienes dudas, pregunta a tu profesor/a.
你知道以下几条西班牙的街道吗？请上网查找资料，并将街道的名称和它们所在的城市联系起来。你会区分*vía, rambla, avenida, paseo, calle, rúa*和*calleja*吗？请查字典，如有疑问，可向老师提出。

1. Gran Vía	☐ Valladolid
2. La Rambla	☐ Córdoba
3. Avenida de la Constitución	☐ Madrid
4. Paseo de Zorrilla	☐ Santiago de Compostela
5. Calle Estafeta	☐ Barcelona
6. Rúa do Franco	☐ Pamplona
7. Calleja de las Flores	☐ Sevilla

13b. Esto es un collage de las placas de algunas calles con nombres curiosos de Madrid. ¿Qué nombres de las calles de tu ciudad te resultan más curiosos? 以下是马德里一些有趣的路牌。你所在的城市有没有类似有趣的街道名呢？

13c. Imagina que eres alcalde de una ciudad y tienes que dar nombre a una nueva calle. Explica tu propuesta a tus compañeros. Una vez expuestas todas, votad para elegir la que más os guste. 想象你是某个城市的市长，要为一条新的街道起名。请将你的提议解释给同学们听。所有人讲完以后，投票选出你们最喜欢的名字。

Canta y recita

La bruja loca

Había una bruja loca
en la calle 22.
No sabe hacer brujería
porque ya se le olvidó.

Que sí, que no,
que todo se le olvidó.
Que sí, que no,
que todo se le olvidó.

Anoche salió la bruja
y al páramo trepó.
Trató de volver
volando
pero al valle se cayó.

Que sí, que no,
la escoba se le olvidó.
Que sí, que no,
la escoba se le olvidó.

La gente se divertía
en la calle 22.
La bruja se puso brava
y en maíz los convirtió.

Que sí, que no,
pero no le resultó.
Que sí, que no,
la magia se le olvidó.

Para terminar

COMUNICACIÓN	GRAMÁTICA
◆ **Para pedir y dar información sobre el domicilio:** —¿Dónde vives? —Vivo en la calle Santander, número 76, 3°B.	◆ **El interrogativo *dónde*:** ¿Dónde está Juan?
◆ **Para invitar a amigos a casa de manera informal:** ¿Vienes a cenar a casa?/¿Quieres venir a cenar a casa?	◆ **Los números ordinales 1–10:** primero (primer), segundo, tercero (tercer), cuarto, quinto, sexto, séptimo, octavo, noveno, décimo
	◆ **Combinación de los pronombres:** Tengo que dárselo. / Se lo tengo que dar.

Vocabulario

avenida / *f.* / 街道
Valencia / *n. pr.* / 瓦伦西亚
tercero, ra / *adj.* / 第三的
calle / *f.* / 路
importante / *adj.* / 重要的
segundo, da / *adj.* / 第二的
plaza / *f.* / 广场
paella / *f.* / 西班牙海鲜饭
cenar / *intr.* / *tr.* / 吃晚饭;(晚饭)吃
¡Por supuesto! / 当然!
invitar / *tr.* / 邀请
¿De verdad? / *f.* / 真的吗?
guay+ / *adj. coloq.* / 〈口〉好的,棒的
justo / *adv.* / 正好
biblioteca / *f.* / 图书馆
bienvenido, da / *adj.* / 受欢迎的
seguro / *adv.* / 肯定地,确定地
¡Venga!+ / 用于告别、加油、催促等
papel / *m.* / 纸
tomar / *tr.* / 拿,取; 吃,喝
perfecto, ta / *adj.* / 完美的

UNIDAD 5 Vida cotidiana

Lección 14 ¿A qué hora te levantas?

En esta lección vamos a aprender a:

- **hablar de lo que hacemos cada día**
- **hablar de relaciones temporales**

Para ello vamos a aprender:

- **los verbos pronominales**
- **las locuciones conjuntivas temporales: *antes de*, *después de***
- **los grupos fónicos**

ME LLENO DE GANAS
PARA IR A LA ESCUELA.

Para empezar

1. Escucha y lee. 边听边读。

Un día de Li Ming

Li Ming se despierta a las siete y media.
Se levanta a las siete y cuarenta y cinco.
Se viste a las ocho.
Entra en la escuela a las nueve.
Estudia en la biblioteca a las doce y cuarto.
Vuelve a casa a las seis menos cuarto.
Escucha música a las siete.
Se ducha a las ocho menos cuarto.
Se acuesta a las once.

FÍJATE BIEN Gramática

代词式动词

代词式动词，也称连代动词，指与非重读人称代词（me、te、se、nos、os、se）连用的动词，常用来表示"自复""相互"等意义。代词式动词变位时，需要添加人称代词。

levantarse

yo	*me* levanto
tú	*te* levantas
él, ella, usted	*se* levanta
nosotros, nosotras	*nos* levantamos
vosotros, vosotras	*os* levantáis
ellos, ellas, ustedes	*se* levantan

注意：

当代词式动词与动词短语一同使用时，代词部分：

- **必须与主语一致。**
  *Tienes que cuidar**te**.*
- **可以放在原形动词后与之连写，也可以放在变位动词之前。**
  *Voy a acostar**me** más pronto.*
  或
  ***Me** voy a acostar más pronto.*

2. Escucha otra vez y ordena los dibujos según las oraciones de la actividad 1. 再听一遍录音，根据练习1的句子排列图片的顺序。

A trabajar

3. Escucha y lee el siguiente diálogo para observar el uso de los verbos pronominales. 边听边读以下对话。请观察代词式动词的使用。

1. Gabriel: Hola, Li Ming. ¿Por qué tienes esa cara? Parece que tienes mucho sueño.
   Ming: Sí, es que estos días me acuesto muy tarde. Hay un examen de Español la semana que viene. Tengo que repasar.
   Gabriel: ¿Y a qué hora te levantas?
   Ming: Tengo que levantarme a las seis y media. Bueno, en China todos nos levantamos a esta hora. Es normal. Pero aquí parece que es un poco temprano, es que antes de ir a la escuela, quiero correr un poco por el barrio, para estar en forma, claro.
   Gabriel: Eso está muy bien. Entonces, ¿cuándo desayunas?
   Ming: Después de llegar a la escuela y a veces en el recreo. Voy a la cafetería a tomar algo.

2. Gabriel: Bueno, tienes que cuidarte mucho, ¿eh?
   Ming: De acuerdo. Esta noche me voy a acostar más pronto. No puedo más.
   Gabriel: Ya veo.
   Ming: ¿Y tú, qué haces aquí?
   Gabriel: Pues yo estoy buscando a David. Le quiero pedir los apuntes de las clases de Inglés.
   Ming: Acabo de verlo por aquí. La verdad es que lo veo muy cansado también.
   Gabriel: Claro, con los exámenes que hay...
   Ming: Bueno, te dejo.
   Gabriel: Vale. Si ves a David, dile que lo espero en el polideportivo.
   Ming: Está bien. ¡Chao!

4. Subraya los verbos pronominales en las siguientes oraciones y relaciónalas con su forma de infinitivo correspondiente. 划出下列句子中的代词式动词，并将它们与相应的原形动词连线。

1. Es que estos días me acuesto muy tarde.
2. ¿A qué hora te levantas?
3. Tengo que levantarme a las siete y media.
4. Tienes que cuidarte mucho.
5. Esta noche me voy a acostar más pronto.

levantarse

cuidarse

acostarse

¿Te acuerdas de algún verbo pronominal que ya hemos visto en las lecciones anteriores? Pon un ejemplo e intenta conjugarlo en presente. 你还记得之前课文中出现的代词式动词吗？举一个例子，并尝试写出它现在时的各个人称变位。

yo	
tú	
él, ella, usted	
nosotros, nosotras	
vosotros, vosotras	
ellos, ellas, ustedes	

5. Cada grupo de frases cuentan dos cosas que hace David en un día normal. Ordénalas según lo que consideres lógico y forma oraciones con frases de relaciones temporales: *antes de, después de* como en el ejemplo. Escucha y comprueba si tus respuestas coinciden con la realidad. 每组两个词组是David平常一天所做的事。按照你认为的顺序，模仿例句用表示时间的短语*antes de, después de*造句。听录音，看看你的答案是否与事实相符。

Ejemplo: *levantarse* *vestirse*

David se levanta antes de vestirse.
David se viste después de levantarse.

1. cepillarse los dientes — desayunar
2. Leer un texto en voz alta — tener la clase de español
3. estudiar en la biblioteca — ir a la cafetería a tomar un café
4. jugar al baloncesto con sus compañeros — hacer las tareas
5. cenar — ducharse
6. ir a la cama — leer un rato

FÍJATE BIEN Gramática

表示时间关系的短语 antes de 和 después de

antes de + inf./n.

antes de *comer/la comida*

después de + inf./n.

después de *tener la clase/la clase*

6. Escucha y lee las siguientes oraciones y observa el cambio de entonación. Marca las pausas (/) y la subida (↑) o la bajada (↓) de las partes de la oración. 听读下列句子，观察语调变化。标出句子各语调群之间的停顿，以及升调或降调。

Ejemplo: Acabo de comer (↑) / y quiero dar un paseo. (↓)

1. Todos los días, me levanto a las siete. Después de levantarme, me ducho, me visto y me preparo un buen desayuno.

2. ¿Adónde vais a comer? ¿A la cafetería o al restaurante que acaban de abrir al lado de la escuela?

3. Esta noche vamos al hospital a ver a mi abuelo.

FÍJATE BIEN Fonética

语调群

朗读超过七八个单词的长句时，应当在每两个语调群之间作适当停顿。语调群就是句子中构成相对完整语义的单词组合。语调群末尾接近停顿处语调略有上扬。停顿后的语调群起始略低，全句末尾语调下降，表示言已尽意。

Los alumnos del grupo de español / van a ver una película española / a las tres de esta tarde.

A practicar

7. Construye frases según el ejemplo. 仿照例子造句。

Ejemplo:
Elena se ducha por la mañana.
Yo me ducho por la mañana.

1. Nos levantamos temprano.
   Alfonso ______________________.

2. Me acuesto a las once de la noche.
   Vosotros ______________________.

3. Mi madre se cuida mucho.
   Nosotros ______________________.

4. Nosotros mismos nos vestimos.
   Ellos mismos ______________________.

5. Vosotros nunca os despertáis antes de las ocho.
   Tú ______________________.

8. Habla con tu compañero/a de la vida cotidiana de Felipe y escribe las horas que faltan. 和你的同学谈论Felipe的日常生活并写出缺少的时间。

Ejemplo:
A: ¿A qué hora se levanta?
B: Se levanta a las siete.

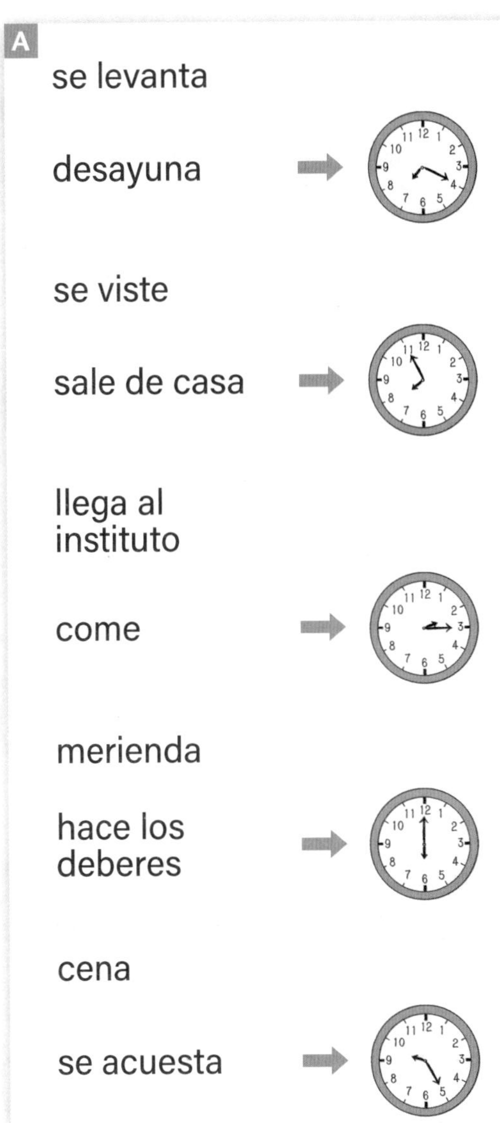
A
se levanta
desayuna
se viste
sale de casa
llega al instituto
come
merienda
hace los deberes
cena
se acuesta

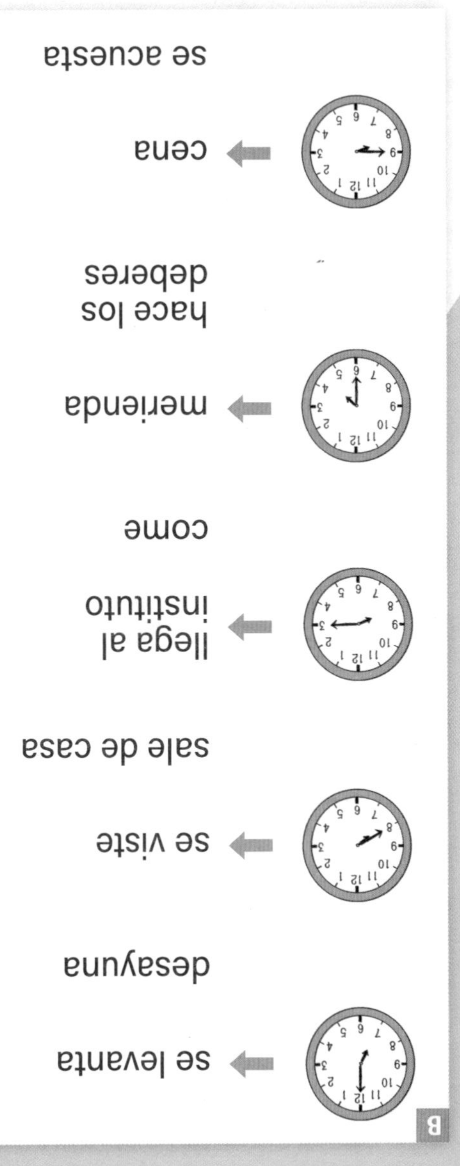
B
se levanta
desayuna
se viste
sale de casa
llega al instituto
come
merienda
hace los deberes
cena
se acuesta

9. ¿En qué orden haces las siguientes cosas por la mañana? Indica el orden y comenta con tus compañeros uniendo las acciones con *antes de* y *después de*. 你早上做以下事情的顺序是什么？请指出顺序并与同学交流，可用*antes de*和*después de*将动作连接起来。

☐ desayunar
☐ cepillarse los dientes
☐ vestirse
☐ ir al baño
☐ leer los mensajes en el móvil
☐ hacer la cama
☐ peinarse
☐ lavarse la cara
☐ levantarse

10a. Lee el siguiente texto. 请阅读以下短文。

Así son

Los españoles son gente abierta y sincera. Los españoles charlan mucho con sus amigos, comen y cenan fuera de casa cuando celebran algo y algunos se echan la siesta después de comer.

¿Y por qué son así? Porque el clima puede determinar el carácter de la gente y la forma de vida de cada país. España es un país mediterráneo, con muchos meses de sol al año. El sol hace más tranquila, cariñosa y sociable a la gente. En realidad, cada país y cada pueblo es como es y tiene sus propias características.

10b. Verdadero o falso. Justifica tu respuesta con la información del texto. 判断正误。用文中的信息论证你的回答。

1. Los españoles son sociables. ☐
2. La siesta se hace por la noche. ☐
3. España es un país mediterráneo. ☐
4. El clima de España es muy agradable. ☐
5. El carácter de los españoles es mejor que el de otros pueblos. ☐

10c. Comenta con tus compañeros cómo crees que es el pueblo chino y por qué los chinos somos así. 和你的同伴讨论中国人的性格是什么样的，为什么？

Ejemplo: *A los chinos nos encanta comer. Es una costumbre realizar almuerzos o cenas de negocios en China y las comidas pueden durar mucho tiempo. Pues este tipo de eventos sirve para generar una mayor confianza entre todas las partes.*

Proyecto cultural

11a. Según un periódico, los españoles tienen un horario "muy raro" con respecto al resto de Europa. Observa el siguiente gráfico e intenta descubrir las particularidades del horario español. 根据某报的文章，西班牙人的作息时间与欧洲其他国家相比"非常奇怪"。请看以下图表并试图找出西班牙人作息时间的奇特之处。

Ejemplo: Un español desayuna muy tarde, incluso hasta las 10:30.

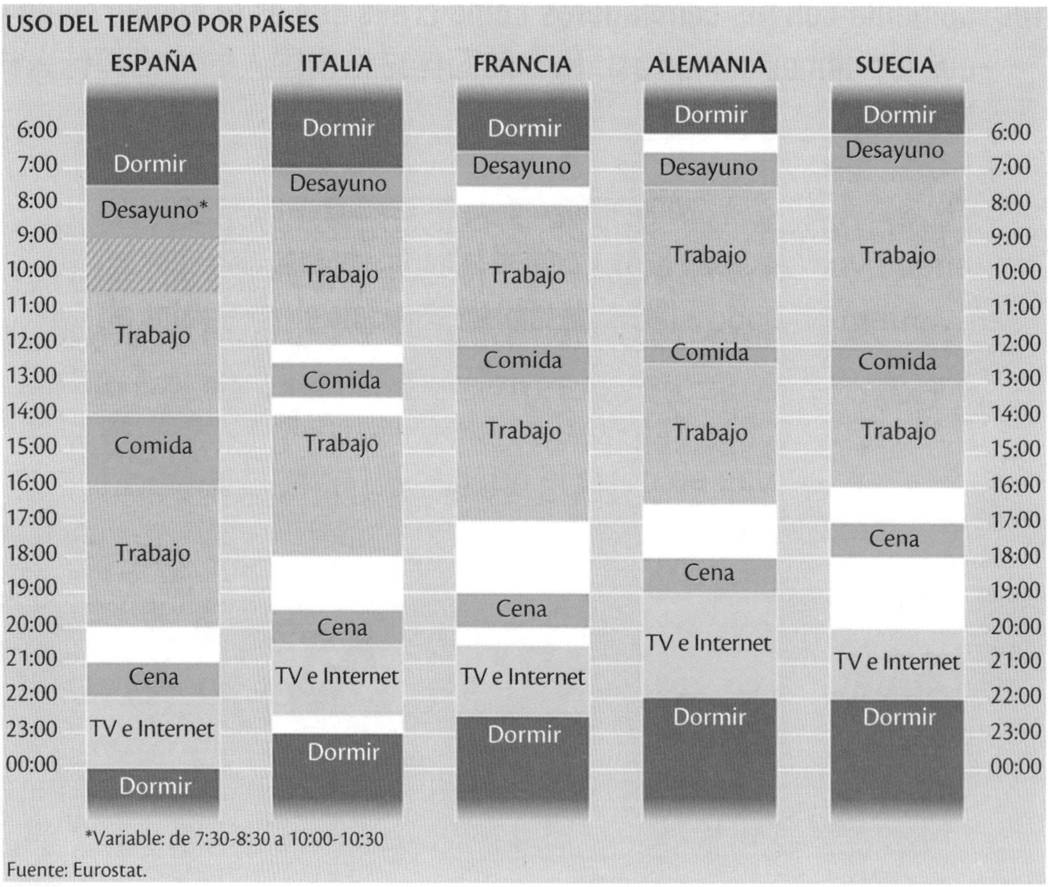

USO DEL TIEMPO POR PAÍSES

6:00 7:00 8:00 9:00 10:00 11:00 12:00 13:00 14:00 15:00 16:00 17:00 18:00 19:00 20:00 21:00 22:00 23:00 00:00

ESPAÑA: Dormir, Desayuno*, Trabajo, Comida, Trabajo, Cena, TV e Internet, Dormir

ITALIA: Dormir, Desayuno, Trabajo, Comida, Trabajo, Cena, TV e Internet, Dormir

FRANCIA: Dormir, Desayuno, Trabajo, Comida, Trabajo, Cena, TV e Internet, Dormir

ALEMANIA: Dormir, Desayuno, Trabajo, Comida, Trabajo, Cena, TV e Internet, Dormir

SUECIA: Dormir, Desayuno, Trabajo, Comida, Trabajo, Cena, TV e Internet, Dormir

*Variable: de 7:30-8:30 a 10:00-10:30

Fuente: Eurostat.

11b. Busca en Internet las explicaciones de este fenómeno curioso y ponlas en común con tus compañeros. 请在网上找出这一奇特现象的解释，并与你的同学们进行讨论。

11c. Elabora un gráfico del horario chino basado en el gráfico anterior. 参照之前的图表绘制一幅中国人的作息时间图。

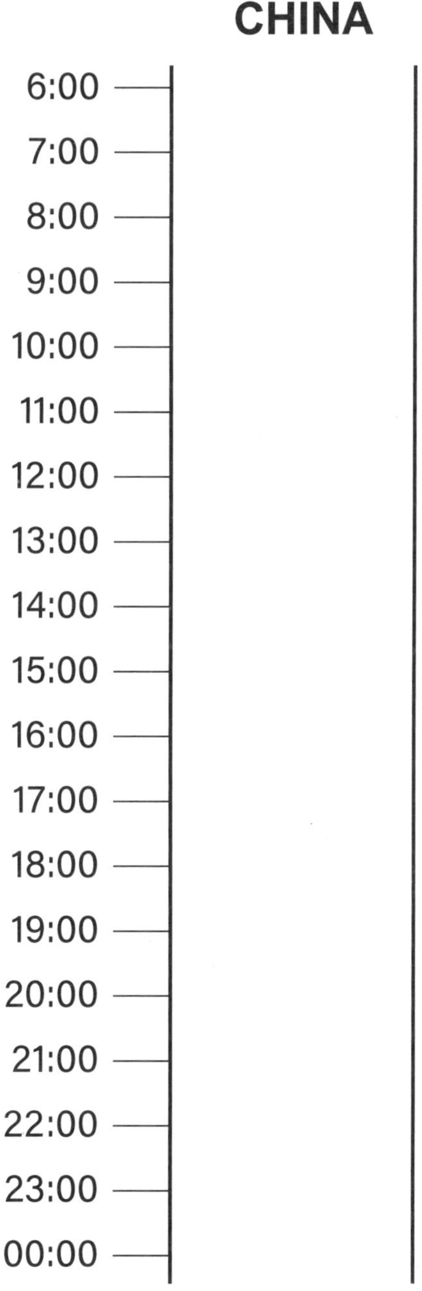

Canta y recita

Cuando me levanto

[¿Qué haces cuando te
levantas todas las
mañanas?
Yo hago esto, eh.]

Cuando me levanto
todas las mañanas,
miro mi pijama,
miro mi pijama.

Cuando me levanto
todas las mañanas,
mi mamá me dice:
hay que despertar.
Me cambio la ropa
y tiendo mi cama.
Ya me voy corriendo
a desayunar.

Me lavo los dientes.
Me lleno de ganas
para ir a la escuela.
Hay que estudiar.

Para terminar

COMUNICACIÓN	GRAMÁTICA
◆ **Para hablar de lo que hacemos cada día:** Me despierto a las siete. Me levanto, me visto y me cepillo los dientes...	◆ **Los verbos pronominales:** despertarse, levantarse, vestirse, ducharse, acostarse, cepillarse, irse...
◆ **Para hablar de relaciones temporales:** Después de cepillarme los dientes, hago la cama. Corro un poco por el barrio antes del desayuno.	◆ **Las locuciones conjuntivas *antes de*, *después de*:** Antes de acostarse, lee los periódicos de hoy. No me voy a ir después de la clase.

Vocabulario

despertarse / *prnl.* / 醒来
levantarse / *prnl.* / 起床
vestirse / *prnl.* / 穿衣
entrar / *intr.* / 进入
volver / *intr.* / 返回
ducharse / *prnl.* / 淋浴
acostarse / *prnl.* / 睡下
cara / *f.* / 脸色；脸
sueño / *m.* / 睡意；睡眠
repasar / *tr.* / *intr.* / 复习
temprano, na / *adv.* / *adj.* / 早；早的
antes de / 在……之前
correr / *intr.* / 跑
estar en forma+ / 处于良好状态
desayunar / *intr.* / *tr.* / 吃早饭；(早饭)吃
después de / 在……之后
llegar / *intr.* / 到达
a veces / 有时
cuidarse / *prnl.* / 照顾自己
noche / *f.* / 夜晚
pedir / *tr.* / 求借
apunte / *m.* / 笔记
acabar de / 刚刚
dejar / *tr.* / 离开
Dile que...+ / 你告诉他/她……
polideportivo+ / *m.* / 综合运动场

UNIDAD 5 Vida cotidiana

LECCIÓN 15 EN MI BARRIO HAY DE TODO

En esta lección vamos a aprender a:

- indicar la existencia y la localización de algunos servicios públicos
- describir y comentar un barrio

Para ello vamos a aprender:

- los usos de *haber* y *estar*
- los pronombres/adjetivos indefinidos
- el resilabeo

Uy, ayayay,
qué divertido es vivir aquí.

Para empezar

1. Escucha y lee. 边听边读。

1. Hay un supermercado enfrente de la casa de Li Ming.

2. A la izquierda hay una oficina de correos.

3. A la derecha, a unos veinte metros, está el bar *La República*.

4. Cerca de su casa hay un pequeño parque donde siempre juegan los niños del barrio. Está justo detrás de la casa de Li Ming.

2. Marca en el plano dónde están los locales públicos mencionados en la actividad 1. 将练习1中所描述的地点在平面图上标注出来。

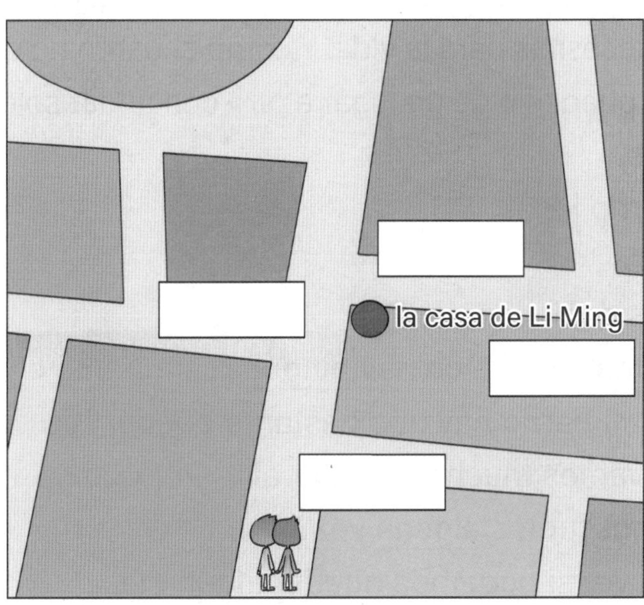

A trabajar

3. Escucha y lee el siguiente diálogo para observar el uso de *haber* y *estar*, y explica a qué se refieren los pronombres y adjetivos indefinidos. 边听边读以下对话。请观察*haber*和 *estar*的用法，并解释不定代词和不定形容词的含义。

1. Lucía: ¡Vaya, Ming, qué casualidad! ¿Qué haces aquí?
   Ming: Acabo de comer y quiero dar un paseo. ¿Y tú, adónde vas?
   Lucía: Estoy buscando una tintorería. Es que la tintorería de mi barrio está cerrada y necesito lavar un vestido para la fiesta de cumpleaños de una prima. Oye, tú vives aquí, ¿sabes si hay alguna buena por aquí cerca?
   Ming: Sí. Hay una tintorería justo al lado de mi casa. Mariana a veces manda lavar sus vestidos.
   Lucía: ¡Qué bien! ¿Puedes decirme dónde está exactamente?
   Ming: Claro, está en la primera a la izquierda. Venga, te acompaño, que está muy cerca.
   Lucía: Muchas gracias.

2. Lucía: La verdad es que vives en un barrio encantador, ¿eh?
   Ming: Sí. Además, en este barrio hay de todo: un supermercado, bares, una panadería, una librería, un parque, una farmacia, ... todo lo que necesitas para la vida. Y como el barrio no es muy grande, puedes ir de un lugar a otro con andar solo unos minutos.
   Lucía: Uy, es un barrio ideal.
   Ming: Casi perfecto.
   Lucía: ¿Qué quieres decir con *casi*?
   Ming: Jaja, pues nada. Es que no hay ningún restaurante chino.
   Lucía: Hombre, en mi barrio hay uno bastante bueno. Mis padres y yo vamos mucho a comer allí. ¿Por qué no vienes y vamos juntos alguna vez?
   Ming: ¡Es genial! A ver si podemos quedar algún día.

4. Completa las siguientes oraciones con *haber* o *estar* según el diálogo de la actividad 3. Escucha y comprueba. 根据练习3的对话，用*haber*或*estar*填空完成下列句子。听录音，验证答案。

1. En el barrio de Lucía ______________ una tintorería, pero está cerrada.
2. La tintorería del barrio de Li Ming ______________ al lado de su casa.
3. Li Ming quiere acompañar a Lucía a la tintorería porque ______________ muy cerca.
4. Li Ming puede encontrar en su barrio todo lo que necesita para la vida porque ______________ de todo.
5. En el barrio no ______________ ningún restaurante chino.

FÍJATE BIEN Gramática

haber和estar的用法

- **Hay和带不定冠词、不定形容词、数词和省略冠词的名词搭配。**
  Hay *un restaurante bueno.*
  Hay *muchos bares.*
  Hay *dos farmacias.*
  *¿**Hay** farmacia en este barrio?*
- **Estar和带定冠词的名词搭配。**
  *Detrás de la casa **está** el parque.*
  *La tintorería **está** al lado de mi casa.*

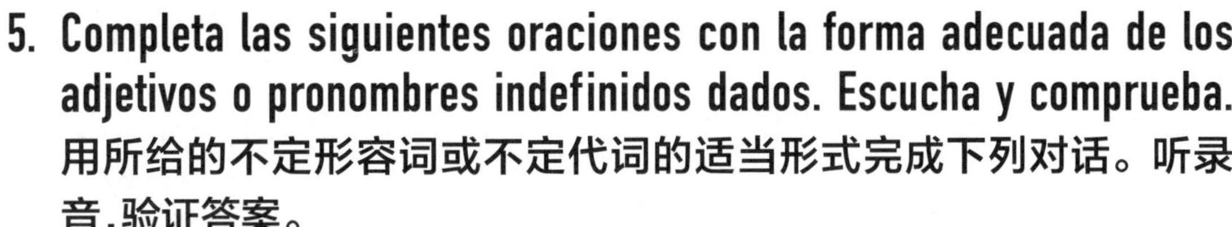

5. Completa las siguientes oraciones con la forma adecuada de los adjetivos o pronombres indefinidos dados. Escucha y comprueba. 用所给的不定形容词或不定代词的适当形式完成下列对话。听录音，验证答案。

1. ● ¿Por qué hay (mucho) ______________ ruido?
   ○ En el parque hay (mucho) ______________ niños.

2. ● ¿Sabes si hay (alguno) ______________ supermercado en esta calle?
○ No, no hay (ninguno) ______________ supermercado aquí.

3. ● Parece que no hay (ninguno) ______________ iglesia.
○ ¡Qué va! En la plaza hay (uno) ______________.

4. ● Hay (poco) ______________ tráfico en esta zona. ¡Qué bien!
○ Sí, porque no hay (mucho) ______________ coches aquí. La gente va a todas partes andando.

FÍJATE BIEN Gramática

不定形容词和不定代词

单数

阳　性	阴　性
ningún parque	ninguna librería
poco tráfico	poca gente
algún parque	alguna librería
mucho tráfico	mucha gente
bastante tráfico	bastante gente

复数

阳　性	阴　性
pocos parques	pocas librerías
algunos parques	algunas librerías
varios parques	varias librerías
muchos parques	muchas librerías
bastantes parques	bastantes librerías

注意：
为了避免重复提到前文已经出现过的名词，我们可以把不定形容词后面的名词省略，此时不定形容词就变成了不定代词。但是**ningún**、**algún**和**un**在作不定代词时应变为**ninguno**、**alguno** 和 **uno**。

● *Perdona, ¿hay algún hotel por aquí?*
○ *Mmm..., no, no hay **ninguno**.*

*En mi barrio no hay ningún hospital, ¿en tu barrio hay **alguno**?*

● *En mi barrio no hay ningún parque.*
○ *Pues en el mío hay **uno** muy bonito.*

6. Escucha y lee las siguientes oraciones. Fíjate en los resilabeos. 听读以下句子。注意音节连读。

1. Los osos son alegres.

2. Este es el hijo de Ema.

3. Estudiamos en un aula de aquel edificio.

4. David es un chico muy inteligente.

FÍJATE BIEN Fonética

连读

将前一个单词最后一个字母和后一个单词第一个字母自然而然组成一个音节的现象，叫连读。

- **辅音字母+元音字母。**
  Son dos osos.
- **两个相同的辅音字母。**
  Es su casa.
- **两个相同的元音字母。**
  Este es David.

A practicar

7. ¿Dónde hacen ellos las siguientes cosas? Forma frases como en el ejemplo. 他们分别在哪里做以下这些事情？请参照范例造句。

Ejemplo: (Yo) Comprar pan.
→ Compro pan en la panadería.

1. (Nosotros) Pasear al perro.
2. (Ellos) Ver una película.
3. (Tú) Jugar al fútbol.
4. (Vosotros) Comprar libros.
5. (Sonia) Comer con sus padres.
6. (Yo) Mandar un paquete.
7. (Usted) Tomar un café.
8. (Mis amigos y yo) Ver una exposición.

8. Escucha la descripción y di de qué edificio se habla en el mapa. 听录音，指出描述的是地图中的哪座建筑物。

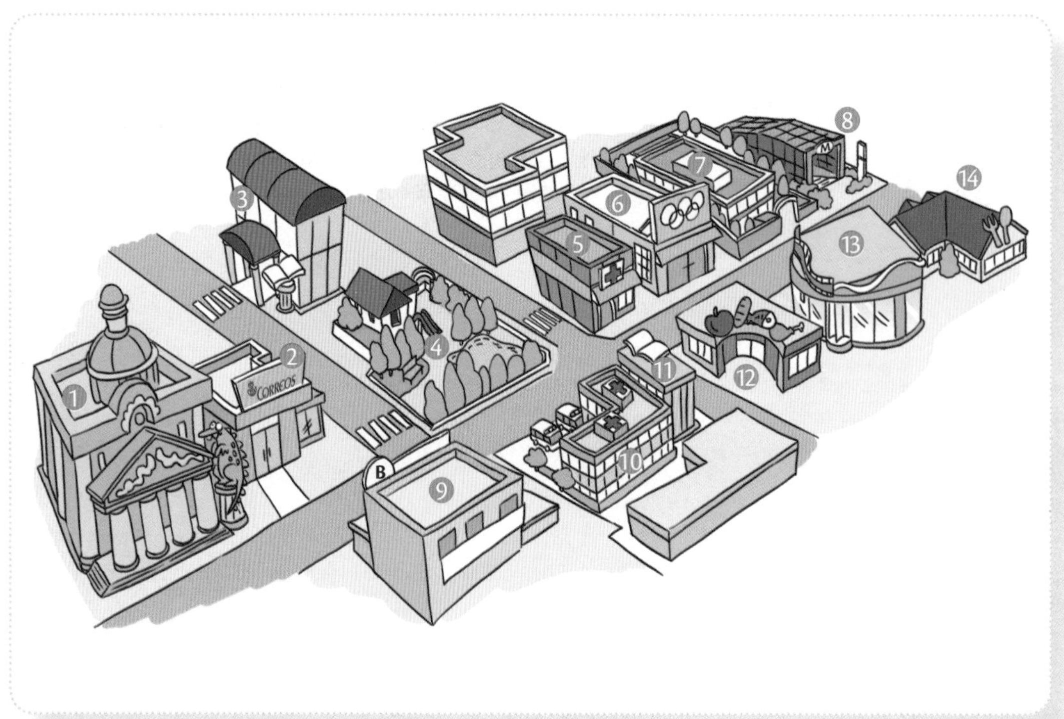

1. Museo
2. Oficina de Correos
3. Biblioteca
4. Parque
5. Farmacia
6. Polideportivo
7. Colegio
8. Boca de metro
9. Banco
10. Hospital
11. Librería
12. Supermercado
13. Cine
14. Restaurante

Ejemplo:
(Está al lado del restaurante.)
El cine.

9. Practica con tu compañero/a siguiendo el ejemplo. Mira los símbolos.
参照范例与同伴操练。请看以下手势。

0 ninguno/a

bastantes

Ejemplo:
Supermercado
- *¿Hay algún supermercado?*
- *Sí, hay algunos.*

1. Parada de autobús
2. Colegio
3. Biblioteca
4. Museo **0**
5. Frutería
6. Banco
7. Farmacia
8. Hospital

10a. Lee el siguiente texto. 请阅读以下短文。

Pocos lugares del mundo pueden ofrecer tanto en un solo barrio. En el Ensanche hay edificios muy famosos, como la Pedrera, la Casa Batlló o la Sagrada Familia de Gaudí. El Ensanche es un barrio elegante, especialmente el Paseo de Gracia, lleno de tiendas de moda, lujosos hoteles, galerías de arte...

En el barrio hay dos grandes hospitales y varios mercados. También hay escuelas, iglesias y todo tipo de servicios básicos. Sin embargo, hay pocos parques y zonas verdes.

10b. ¿Qué ventajas e inconvenientes del barrio Ensanche ha mencionado el texto? 短文中提到了Ensanche区的哪些优点和缺点？

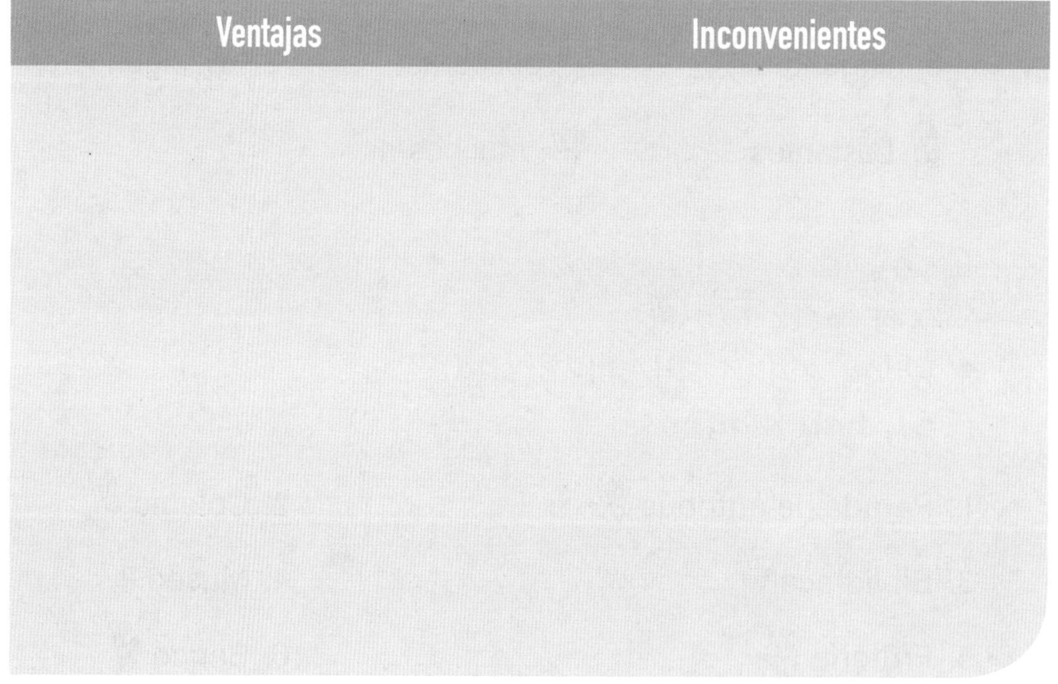

Ventajas	Inconvenientes

10c. Y tu barrio, ¿qué ventajas e inconvenientes tiene? 你的街区有哪些优点和缺点？

Ejemplo: Mi barrio está muy cerca del metro. Puedo ir a la escuela en metro. Pero no hay ningún parque.

Proyecto cultural

11a. En España, las ciudades y los pueblos tienen barrios. Para muchos españoles, el barrio es el lugar donde nacen, crecen, y están los amigos y la familia. Es su lugar de origen. Los españoles pasan una gran parte de su tiempo libre en su barrio: van al mercado, al parque, al bar, al médico, a la biblioteca, al colegio, a la piscina o a otros muchos lugares públicos. En grupos, imaginad vuestro barrio ideal. Responded primero a preguntas como estas. 在西班牙，不管在城市还是小镇都有街区。对于很多西班牙人来说，街区是他们出生、成长的地方，他们的家人和朋友都集中于此。这是他们的出生地。西班牙人大部分的闲暇时间都是在自己的街区度过的：他们去市场、公园、酒吧、诊所、图书馆、学校、游泳池以及其他公共场所。以小组为单位，想象一下你们理想的街区是什么样子。首先请试着回答以下问题。

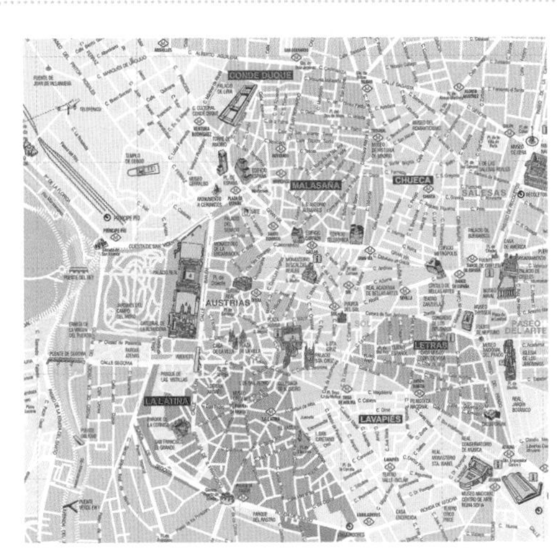

¿Cómo se llama?

¿Dónde está?

¿Cómo es?

¿Qué hay?

¿Qué tipo de gente vive en él?

11b. Ahora, haced un plano para explicar al resto de la clase cómo es vuestro barrio ideal. Los demás pueden hacer preguntas porque luego, entre todos, vais a decidir cuál es el mejor barrio de todos. 现在，请画一张地图并向同学们介绍你们心目中理想的街区。此后，同学们可以向你们提问。最后，全班一起来评出最佳街区。

Canta y recita

Explorando por el vecindario

Explorando por el vecindario yo puedo ver
autos, casas, y niños también.
Edificios por aquí, un parque por allá.
Y personas ayudando a los demás.
Veo una escuela y un árbol.
Allá está la biblioteca y la oficina postal.
Puedo ver, además, tres camiones de bomberos al desfilar.
Uy, ayayay, qué divertido es vivir aquí.
Explorando por el vecindario yo puedo ver
autos, casas, y niños también.
Veo personas con sus perros y me siento muy feliz.
Yo soy muy afortunado por vivir aquí.
Veo una escuela y un árbol.
Allá está la biblioteca y la oficina postal.
Puedo ver, además, tres camiones de bomberos al desfilar.

Para terminar

COMUNICACIÓN	GRAMÁTICA
◆ **Para indicar la existencia de algunos servicios públicos:** Hay una biblioteca en mi barrio. No hay ningún banco cerca de mi casa. ◆ **Para indicar la localidad de algunos servicios públicos:** El parque está a unos cien metros de aquí. La oficina de correos está justo enfrente de la farmacia. ◆ **Para describir un barrio:** Mi barrio está cerca del colegio. En el barrio hay un hospital, pero no hay ninguna farmacia. ◆ **Para comentar un barrio:** Es un barrio grande/ideal/casi perfecto.	◆ **Los usos de *haber* y *estar*:** En mi barrio hay un polideportivo. Está entre el supermercado y la iglesia. ◆ **Los pronombres/adjetivos indefinidos:** ninguno (ningún), alguno (algún), mucho, poco, bastante, varios

Vocabulario

supermercado / *m.* / 超市
oficina de correos / 邮局
metro / *m.* / 米(长度单位); 地铁
bar / *m.* / 酒吧
república+ / *f.* / 共和国
parque / *m.* / 公园
donde / *adv.* / 那里,那儿
dar / *tr.* / 给,赠送
dar un paseo+ / 散步
adónde / *adv.* / (到,去)哪里
tintorería+ / *f.* / 洗染店
cerrado, da / *p.p.* / 关闭的
lavar / *tr.* / 洗
vestido / *m.* / 连衣裙
fiesta / *f.* / 派对
si / *conj.* / 是否; 如果
mandar+ / *tr.* / 委托; 命令; 寄出
exactamente+ / *adv.* / 确切地,精确地
acompañar / *tr.* / 陪伴
encantador, ra+ / *adj.* / 讨人喜欢的
panadería+ / *f.* / 面包店
librería / *f.* / 书店
farmacia / *f.* / 药店
vida / *f.* / 生活; 生命
otro, tra / *adj.* / *pron.* / 其他的; 另一个,另一些(人或物)
andar / *intr.* / 走,步行
minuto / *m.* / 分钟
uy+ / *interj.* / 表惊讶、剧痛、羞愧的叫声
ideal / *adj.* / 理想的
restaurante / *m.* / 餐厅,饭店
genial / *adj.* / *adv.* / 极好的; 太好了

UNIDAD 6 Guía del ocio

LECCIÓN 16 FIN DE SEMANA

En esta lección vamos a aprender a:

- **hablar del ocio**
- **expresar la frecuencia**

Para ello vamos a aprender:

- **los pronombres preposicionales**
- **la duplicación de los pronombres átonos**
- **las oraciones consecutivas: *como***
- **la entonación de oraciones interrogativas (1)**

LA PRIMAVERA ESTÁ MUY CONTENTA.

EL VERANO SE ACERCA YA.

Para empezar

1. **Escucha y lee.** 边听边读。

¿Qué haces los fines de semana?

David: ¿Los fines de semana? Yo, a menudo voy a la playa, me baño y tomo el sol con los amigos.

Sara: De vez en cuando voy de compras o voy al cine.

Gabriel: Yo casi nunca salgo. Siempre juego a la consola o escucho música en casa.

Luis: Los domingos juego al fútbol con mis amigos. Si no, me quedo en casa y navego por Internet.

2. **Relaciona las fotografías con las actividades de ocio. Luego di con qué frecuencia las haces los fines de semana.** 将下列图片和休闲活动联系起来。并说说你在周末开展这些活动的频率如何。

- [ ] ir al centro comercial
- [ ] leer
- [ ] dormir hasta muy tarde
- [ ] quedar con los amigos
- [ ] visitar una exposición
- [ ] pasear
- [ ] jugar al fútbol
- [ ] ir al cine

siempre a menudo de vez en cuando nunca

A trabajar

3. Escucha y lee el siguiente diálogo para observar el fenómeno de la duplicación de los pronombres átonos. 边听边读以下对话。请观察宾格、与格代词的复指现象。

1. Gabriel: Ming, ¿qué haces los fines de semana?
   Ming: Los sábados por la mañana me levanto pronto porque tengo la costumbre de correr. Cuando llego a casa, desayuno, me ducho y me voy a la compra.

   Gabriel: ¿A la compra? ¡No me digas!
   Ming: Sí, es que a veces también quiero ayudar en algo. Como los fines de semana tengo más tiempo libre, le pregunto a Mariana qué cosas necesita para reponer el frigorífico y voy al supermercado a comprarlas.

2. Gabriel: ¿Qué sueles comprar?
   Ming: Pues normalmente Mariana me da una lista de la compra: verduras, frutas, leche, yogur, carne, huevos... Y siempre le compro un helado de fresa a Julia.
   Gabriel: ¡Qué detalle! Parece que ya eres un miembro de la familia.
   Ming: Bueno, eso espero. La verdad es que me tratan muy bien a mí.
   Gabriel: Y seguro que tus padres piensan mucho en ti. ¿Los llamas a menudo?
   Ming: Sí, los llamo dos veces a la semana. Yo también los echo mucho de menos. ¿Y tú, qué haces los sábados y los domingos?
   Gabriel: Pues yo los sábados prefiero dormir hasta tarde. Quedo con los amigos para comer fuera y por la tarde voy al cine.
   Ming: ¿Vais mucho a la discoteca?

Gabriel: No tanto, una vez al mes, más o menos. Oye, ¿te animas a venir con nosotros alguna vez?

Ming: No, gracias. Yo bailo mal. Prefiero jugar al fútbol.

Gabriel: Por cierto, este domingo por la tarde mis amigos y yo vamos a jugar al fútbol en el polideportivo de mi barrio. ¿Quieres venir?

Ming: ¡Genial!

4a. Lucas es un elefante muy inteligente. Se acuerda de muchas cosas y muchas personas. Observa las siguientes preguntas y respuestas. Completa el texto con pronombres personales adecuados. 大象Lucas很聪明，它能够记住很多人和事物。观察下列问句和回答，并用适当的人称代词填空。

- ¿Se acuerda del sol?
- ○ Sí, se acuerda de *él*.
- ¿Se acuerda de la luna?
- ○ Sí, se acuerda de *ella*.
- ¿Se acuerda de los nombres de los chicos?
- ○ Sí, se acuerda de *ellos*.
- ¿Se acuerda de las palabras nuevas?
- ○ Lo siento, no se acuerda de *ellas*.

Además...

- ¿Lucas se acuerda de *mí?*
- ○ Sí, Lucas se acuerda de *ti*.
- ¿Lucas se acuerda de Li Ming?
- ○ Claro, Lucas se acuerda de *él*.
- ¿Se acuerda de Julia?
- ○ Sí, también se acuerda de ______________.
- ¿Se acuerda de nosotros?
- ○ Creo que se acuerda de ______________.
- ¿Se acuerda de los chicos?
- ○ Hombre, si se acuerda de sus nombres, también se acuerda de ______________.

FÍJATE BIEN Gramática

和介词连用的代词形式（前置词格代词）
与介词*连用的代词形式如下：

mí	nosotros, nosotras
ti	vosotros, vosotras
él, ella, usted	ellos, ellas, ustedes

* 除según和entre，这两个介词比较特殊，我们今后会学到。

当代词mí、ti与介词con连用时，写为conmigo、contigo。

- *Luis, el profesor quiere hablar* ***contigo****.*
- *¿****Conmigo****? ¿Otra vez?*

4b. Ahora completa las siguientes oraciones con pronombres personales tónicos de término de preposición. Escucha y comprueba. 现在请使用前置词格代词完成下列句子。听录音，验证答案。

1. Los señores Echevarría me tratan muy bien a (yo) ______________.
2. Estos días siempre pienso en (tú) ______________.
3. Las palabras nuevas son muy difíciles. No vamos a hablar de (ellas) ______________.
4. Julia, mira, tengo un helado para (tú) ______________.
5. ¿Por qué nadie quiere jugar al baloncesto con (yo) ______________?

5a. Observa las siguientes oraciones y marca los pronombres átonos y su variante tónico duplicado. 观察下列句子，划出句子中非重读人称代词，并说出它指代的宾语。

1. Le compro un helado a Julia.
2. Me tratan muy bien a mí.

FÍJATE BIEN Gramática

复指

非重读人称代词和它指代的直接宾语或间接宾语同时出现在句子中的现象称为复指。

Le *doy un libro* ***a José****.*

Te *llamo* ***a ti*** *esta tarde.*

现在比较一下这两个例句和去掉复指的版本。你能感觉到意义上的变化吗?

Le doy un libro a José. /Le doy un libro.

Te llamo a ti esta tarde./Te llamo esta tarde.

复指的功能

- **我们可在非重读人称代词的基础上用前置词格代词复指,用以强调直接宾语或间接宾语所指是此人而非别人。**
  Esta tarde te llamo a ti y no a David.
- **用来明确第三人称非重读人称代词的具体所指,避免混淆。**
  David y José vienen a mi casa. Le doy un libro a José porque lo necesita para repasar el español.

复指的一些规则

- **间接宾语 (Julia, le):**
  Le compro un helado a Julia. ✓
  Compro un helado a Julia. ✓
  Le compro un helado. ✓
- **直接宾语 (me, mí):**
  Me tratan muy bien a mí. ✓
  Tratan muy bien a mí. ✗
  Me tratan muy bien. ✓

这类句子可以有两种形式:

- **不复指,只保留非重读人称代词**
  Le compra un helado; Me tratan muy bien.
- **非重读人称代词和宾语复指**
  Le compro un helado a Julia; Me tratan muy bien a mí.
  也就是说,非重读人称代词可以没有宾语的陪伴单独出现,而相应的宾语却必须和代词一同出现才行。其中,间接宾语可以选择不加非重读人称代词复指,但复指更为常见,尤其是在口语中。
  Compro un helado a Julia. /Le compro un helado a Julia.

注意:

以下情况不能使用复指:

- **当直接宾语不是人时。**
  La leo esta revista. ✗
  Leo esta revista. ✓
  La leo. ✓
- **当直接宾语是人,但是由专有名词构成。**
  ¿Lo ves a José? ✗
  ¿Ves a José? ✓
  ¿Lo ves? ✓

¿Por qué necesitamos la duplicación?

当直接宾语或间接宾语置于动词前时,都需要复指。

A este chico *no* ***lo*** *conozco.* ✓

Este libro *yo también* ***lo*** *tengo.* ✓

A Julio le *voy a dar una sorpresa.* ✓

5b. Completa las siguientes oraciones. Escucha y comprueba. 完成下列句子，听录音，验证答案。

_______________ digo un secreto al señor árbol.
（我对树先生说了一个秘密）
Pero, ¡lo que me faltaba!（但糟糕透顶的是）
el señor árbol（树先生他……）
_______________ lo cuenta a mi padre,
_______________ lo cuenta a mi madre,
_______________ lo cuenta a mis profesores,
_______________ lo cuenta a mis amigos,
¡ _______________ lo cuenta a todo el mundo!
¿ _______________ lo cuenta a ti? ¡Ya lo creo!

5c. Ahora, en grupos, vamos a inventar una música para cantar ese cuento. 现在，请分小组，为这个故事配上喜欢的音乐吧。

6. Relaciona las oraciones de las dos columnas y conéctalas con la conjunción *como*. 将两列句子联系起来，并用连词*como*组成句子。

1. Li Ming estudia mucho.	Tiene muchos amigos.
2. David es un chico muy majo.	Puede jugar a la consola.
3. Los fines de semana tiene más tiempo libre.	Siempre saca buenas notas.
4. Gabriel siempre hace mucho deporte.	Tiene muy buena salud.

Ejemplo:
Como Li Ming estudia mucho, siempre saca buenas notas.

FÍJATE BIEN Gramática

表示原因的连词como
用于表达原因。仅用于前置的语句。
Como hace buen tiempo, vamos a jugar al fútbol. ✓
Vamos a jugar al fútbol, como hace buen tiempo. ✗

7. Según la agenda de Li Ming, ¿con qué frecuencia hace estas actividades? Completa las frases. 根据李明的记录，他是以怎样的频率进行这些活动的呢？请将下列句子补充完整。

ir al teatro | ir a clases de español | hacer deporte | ir a la biblioteca | salir con David | cenar con amigos | comer en casa | ir a la discoteca

Todos los días ....

Una vez a la semana ....

Dos veces a la semana ....

Los domingos siempre ....

Normalmente, los jueves, ...

A veces ....

A menudo ....

Nunca ....

Lunes	Martes	Miércoles	Jueves	Viernes	Sábado	Domingo
gimnasio español	fútbol David	gimnasio español	fútbol biblioteca	gimnasio cena con Sara y Lucía	tenis David	comida en casa
gimnasio español	fútbol	gimnasio español David	fútbol biblioteca	gimnasio "La Celestina" Teatro Nacional	tenis	comida en casa
gimnasio español	fútbol	gimnasio español	fútbol biblioteca David	gimnasio cena con Julio y Gabriel	tenis David	comida en casa
gimnasio español	fútbol	gimnasio español David	fútbol biblioteca	gimnasio cena con David y Sara	tenis	comida en casa

FÍJATE BIEN Expresión

表达频率

Me ducho ***todos los días.***
todos los días/todos los sábados/todos los meses...
todas las tardes/todas las mañanas...

Voy al gimnasio ***una vez a la semana.***
una vez a la semana/una vez al mes...
dos veces a la semana/dos veces al mes...

No tenemos clases de español ***los viernes.***
los viernes/los sábados/los domingos...

Normalmente *como en el colegio.*
Salgo con mis amigos ***a menudo.***
A veces *cenamos fuera.*

(Casi) siempre *voy a la escuela en autobús.*
(Casi) nunca *vamos a la discoteca.*

8. Escucha y lee. Unas de las siguientes oraciones son preguntas. ¿Puedes distinguirlas según la entonación? Ponles signo de interrogación o punto según lo que se convenga. 听录音并跟读。下列句子有一些是问句。你能根据语调分辨吗？给句子加上问号或句号。

1. Li Ming es de China
2. Estamos todos
3. David habla bien español
4. Está abierta la cafetería
5. Miguel es policía
6. Luis juega mucho a la consola

FÍJATE BIEN Fonética

一般疑问句朗读时应以上升语调结尾。

A practicar

9. **¿Qué piensas que hacen estos chicos los fines de semana y con qué frecuencia?** 你认为以下这些孩子们周末干些什么呢？以怎样的频率？

❶ Vanesa: Es muy deportista.

❷ Juan: Es muy casero.

❸ Carmen: Es muy tranquila.

❹ Alfonso: Es muy viajero.

10. **Escribe la preposición y el pronombre en la forma adecuada, como en el ejemplo, y colócalos después en la frase correspondiente.** 请参照范例，先写出适当的代词的前置词格，再将它和介词的组合填入相应的句子中。

Ejemplo:
para + yo = ...para mí......
¿El regalo es ......para mí......? ¡Muchas gracias!

con + tú = ...	de + nosotros = ...
sobre + vosotros = ...	entre + tú y yo = ...
con + yo = ...	por + usted = ...
según + tú = ...	de + tú = ...

1. No puedo salir .... esta noche. Lo siento.
2. Cuidado, tienes un coche detrás ....
3. En el periódico de hoy hay un artículo ....
4. .... , ¿quién va a llegar primero?
5. Amigo mío, no hay secretos ....
6. ¿Quieres venir .... al cine esta tarde?
7. Buenos días, ¿qué puedo hacer .... ?
8. Si te pones delante .... , no vamos a ver nada.

11. La profesora explica a sus alumnos las instrucciones de un juego, que son difíciles. Completa la conversación con pronombres personales adecuados. 老师向学生们解释有些复杂的游戏规则。请用适当的人称代词将对话补充完整。

Profesora: Vamos a ver, Carmen, yo te doy a .... la pelota, y tú .... la das a Luis.

Carmen: Y si no encuentro a Luis, ¿a quién .... la doy?

Profesora: Da igual. Luego, Luis me la da a .... y yo .... la doy a vosotras, ¿vale? Sara y Sofía, ¿me explico?

Sara: No, no nos queda claro. ¿Tú .... la das a nosotras? ¿Sí? Y nosotras, ¿a quién .... la damos?

Carmen: Vosotras nos la dais a ...., a Luis y a ....

Sara: Perdón, pero desde aquí no .... veo a Luis ni a ....

12a. Lee el siguiente texto. 阅读下列短文。

Jóvenes y tiempo libre

En los últimos diez años ha habido un importante cambio de hábitos en el uso del tiempo de los jóvenes españoles. En una aproximación a sus preferencias, las tendencias mayoritarias para el uso del tiempo libre son:

- En un 25 %, estar y salir con amigos.
- En un 22 %, ver la TV y usar los ordenadores.
- En un 17 %, hacer deporte, hacer excursiones y viajes.
- En un 14 %, escuchar música, bailar y ver cine.
- En un 8 %, leer y aprender idiomas.
- En un 5 %, asociarse y ser voluntario.
- En un 3 %, participar en actividades religiosas.
- En un 3 %, salir con la familia.
- En un 2 %, diversas y "no sabe", "no contesta".

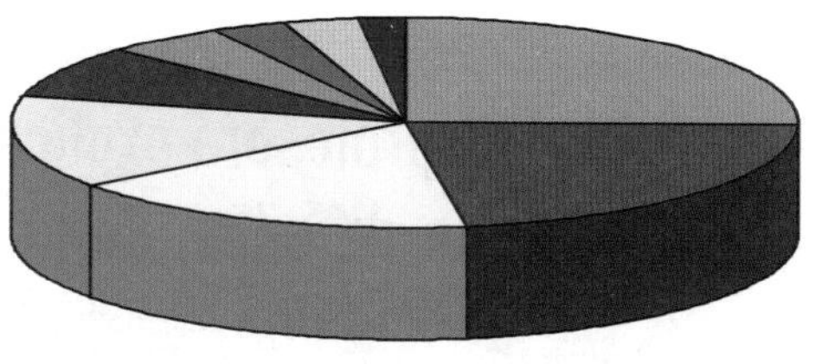

12b. ¿Hay algún dato que te llama la atención? ¿Crees que en China ocurre lo mismo? Coméntalo con tus compañeros. 你看到了什么有意思的数据吗？在中国有相同的情况吗？和你的同学们进行讨论吧。

Ejemplo:
En China, yo creo que los jóvenes casi nunca participan en actividades religiosas.

Proyecto cultural

13a. La música latinoamericana, llamada también música latina, es la música cultivada en los países de América Latina. Vamos a ver fragmentos de unos de sus géneros e intenta relacionarlos con su denominación y la foto correspondiente. 拉丁美洲音乐，也被称为拉丁音乐，是孕育自拉丁美洲国家的一种音乐。我们来看几段不同种类的拉丁音乐的配舞视频，请将片段同音乐的名称和图片联系起来。

Fragmento A	samba
Fragmento B	tango
Fragmento C	salsa
Fragmento D	merengue
Fragmento E	banda

13b. Busca información en Internet. ¿En qué país se origina cada uno de los géneros arriba mencionados? 请上网查找相关资料并说出以上每种拉丁音乐的发源地是哪里。

13c. Hemos visto que la gente de América Latina baila en la calle. ¿Lo hacemos también los chinos? ¿Qué tipo de música o baile te gusta más? 我们在视频中看到拉美人会在街上跳舞。中国人也会这么做吗？你最喜欢哪种音乐或舞蹈呢？

Canta y recita

Las estaciones

En primavera verás crecer la flor.
En verano podrás tomar el sol.
En otoño el color será marrón.
Y en invierno el fuego nos da calor.

La primavera está muy contenta.
El verano se acerca ya.
En otoño lluvia y viento.
En invierno te abrigarás.

En primavera verás crecer la flor.
En verano podrás tomar el sol.
En otoño el color será marrón.
Y en invierno el fuego nos da calor.

La primavera llena de flores.
El verano de mil colores.
El otoño llegará y el invierno lo
seguirá.

En primavera verás crecer la flor.
En verano podrás tomar el sol.
En otoño el color será marrón.
Y en invierno el fuego nos da calor.

Para terminar

COMUNICACIÓN	GRAMÁTICA
◆ **Para hablar del ocio:** Los fines de semana, voy al cine, a visitar una exposición, o a comer con mis amigos. ◆ **Para expresar la frecuencia:** nunca, de vez en cuando, dos veces al mes, a veces, una vez a la semana, a menudo, normalmente, siempre, todos los días...	◆ **Los pronombres preposicionales:** mí (conmigo), ti (contigo), él/ella/usted, nosotros/nosotras, vosotros/vosotras, ellos/ellas/ustedes ◆ **La duplicación de los pronombres átonos:** La rosa te la doy a ti. Le quiero hacer una pregunta a usted. ◆ **La oración consecutiva con *como*:** Como Ema es mi mejor amiga, salgo mucho con ella.

Vocabulario

fin de semana / 周末
playa / *f.* / 沙滩
bañarse / *prnl.* / 游泳；洗澡
sol / *m.* / 阳光；太阳
de vez en cuando / 时不时
compra / *f.* / 采购
cine / *m.* / 电影
casi / *adv.* / 几乎
consola+ / *f.* / 游戏机
fútbol / *m.* / 足球
navegar / *intr.* / 浏览；航行
Internet (internet) / *m., f.* / 因特网
porque / *conj.* / 因为
costumbre / *f.* / 习惯，习俗
cuando / *adv.* / 当……的时候
¡No me digas!+ / 不会吧！
ayudar / *tr.* / 帮助
como / *conj.* / 由于
reponer+ / *tr.* / 补充，添加
frigorífico / *m.* / 冰箱
comprar / *tr.* / 买
soler / *intr.* / 习惯做……
normalmente / *adv.* / 通常
lista de la compra+ / 购物清单
verdura / *f.* / 蔬菜
fruta / *f.* / 水果
leche / *f.* / 牛奶
yogur / *m.* / 酸奶
carne / *f.* / 肉
huevo / *m.* / 蛋
helado / *m.* / 冰淇淋
fresa / *f.* / 草莓
detalle / *m.* / 客气；细节
miembro / *m.* / 成员
a menudo / 时常
vez / *f.* / 次
echar de menos / 想念
preferir / *tr.* / 偏爱，更喜欢
dormir / *intr.* / 睡觉
hasta / *prep.* / 直到
fuera / *adv.* / 外面
comida / *f.* / 食物，午餐
deporte / *m.* / 体育运动
gimnasio / *m.* / 体育馆，健身房

UNIDAD 6 Guía del ocio

LECCIÓN 17 ME GUSTAN LAS FIESTAS

En esta lección vamos a aprender a:

- hablar de gustos y preferencias
- expresar diferentes grados en los gustos e intereses
- preguntar por el día y el lugar de celebración de un acontecimiento
- expresar coincidencia y discrepancia

Para ello vamos a aprender:

- los verbos: *gustar*, *encantar*
- las preguntas encabezadas por preposiciones
- el verbo *ser* para ubicar en el tiempo y en el espacio
- la entonación de oraciones interrogativas (2)

BAILA CONMIGO, BAILO CONTIGO.
BAILA EL MERENGUE.

Para empezar

1. Escucha y lee. 边听边读。

1. Miguel y Mariana son un matrimonio con gustos diferentes.

2. A Miguel le gusta el fútbol.
   A Mariana le gustan las películas de ciencia ficción.

3. A Miguel no le gusta nada cocinar.
   A Mariana le encanta cocinar.

4. A Miguel le encanta salir de excursión con su familia.
   A Mariana también.

2. Imagina que vamos a hacer una fiesta de la clase. Elige el lugar, la hora y lo que quieres hacer. 假设我们班级要举办一次聚会，请选出你喜欢的地点、时间和活动吧。

La fiesta va a ser

en el parque	en el aula	en la casa del jefe	en un restaurante

Va a ser

a las nueve o diez de la mañana

a las tres de la tarde

a las ocho y media de la noche

Vamos a

charlar y tomar algo tranquilamente

escuchar música y bailar

jugar a la consola

jugar a juegos de mesa

A trabajar

3. Escucha y lee el siguiente diálogo para observar el uso de los verbos *gustar* y *encantar*. 边听边读以下对话。请观察动词*gustar*和 *encantar* 的用法。

1. David: Oye, chicos, es casi fin de semestre, ¿qué tal si montamos una fiesta?
   José: ¡Guay! A mí me encantan las fiestas.
   Ming: Pero ¿no vamos a tener que preparar los exámenes?
   Gabriel: Venga, solo es una fiesta. No te va a costar mucho tiempo, hombre.
   Juan: Yo prefiero ver la televisión en casa.
   David: No me gusta nada ver la tele. Me encanta salir y estar con los amigos.
   Juan: Bueno, tampoco está mal hacer una fiesta de vez en cuando.
   David: Así es. Este sábado mis padres van a salir de viaje. ¿Qué tal si hacemos la fiesta en mi casa?

2. Sara: Me parece muy bien. Y ¿qué vamos a hacer?
   José: A mí me gusta mucho jugar a la consola.
   David: ¡A mí también!
   Juan: ¿Por qué no vamos a ver un partido de fútbol juntos?
   Gabriel: Creo que podemos jugar al fútbol en la consola, ¿qué os parece?
   José: ¡Buena idea!
   Sara: Pero a las chicas no nos gusta ni el fútbol ni jugar a la consola.
   David: No pasa nada. Podéis charlar y tomar algo. También tengo juegos de mesa. Por cierto, ¿te acuerdas de Álex? Puedes jugar con él.
   Sara: ¡Claro, Álex! ¡Es precioso!
   Ming: ¿De quién habláis? ¿Álex? No me suena.

David: Es mi gato.
Ming: Vaya. A mí también me gustan mucho los gatos.
Gabriel: Una pregunta. ¿A qué hora es la fiesta?
David: El sábado todo el día.

FÍJATE BIEN Gramática

动词 gustar 和 encantar

(A mí) (A ti) (A él/ella/usted)	Me Te Le	gusta encanta	el cine. escuchar música.
(A nosotros/as) (A vosotros/as) (A ellos/ellas/ustedes)	Nos Os Les	gustan encantan	los libros. las motos.

4a. Completa la siguiente tabla según el diálogo de la actividad 3. 根据练习3的对话完成下列表格。

A Li Ming	le gusta estudiar.
A	les gusta jugar a la consola.
A	le gusta el fútbol.
A	le gusta ver la televisión.
A	les gustan los gatos.
A	le encanta salir y estar con los amigos.
A	le encantan las fiestas.
A	no le gusta nada ver la televisión.

4b. ¿Cuáles de estas cosas te gustan y cuáles no? Comenta con tus compañeros imitando las oraciones de la tabla. 上述这些事物中也有你喜欢或不喜欢的吗？模仿表格中的句型和你的同学们一起讨论吧。

Ejemplo:
A mí me gusta el fútbol.
A mí no me gustan los gatos.

5. Según Li Ming, ¿cuáles son las cosas o actividades que le gustan o no le gustan? Forma oraciones como en el ejemplo. 李明对下列事物是否喜欢？请参考例句造句。

Ejemplo: A Li Ming no le gusta nada bailar.

bailar
conocer gente
los gatos
estudiar
correr
ir a la biblioteca
las fiestas
sus compañeros
el fútbol
vivir en España

FÍJATE BIEN Expresión

表达不同的喜爱程度

A Li Ming le { *encanta(n)* / *gusta(n) mucho* / *gusta(n)* } *leer/los gatos.*

A Li Ming no le { *gusta(n) mucho* / *gusta(n)* / *gusta(n) nada* } *bailar/los perros.*

6a. Escucha unos diálogos y relaciona las parejas de compañeros que tienen los mismos gustos. Luego comenta qué es lo que les gusta o no a los dos. 听对话，将下列具有相同喜好或习惯的同伴名字连起来，并说出他们的共同点是什么？

Ejemplo: A Sara le gustan los gatos. A Li Ming también.

Julio	Carmen
José	Juana
Luis	Pablo
Laura	Susana

FÍJATE BIEN Expresión

表达意见一致或分歧

肯定句	*Estudio mucho.*	*Yo también.*	一致 ☺ ☺
	Me gusta estudiar.	*A mí también.*	
	Estudio mucho.	*Yo no.*	分歧 ☺ ☹
	Me gusta estudiar.	*A mí, no.*	
否定句	*No estudio mucho.*	*Yo tampoco.*	一致 ☹ ☹
	No me gusta estudiar.	*A mí tampoco.*	
	No estudio mucho.	*Yo sí.*	分歧 ☹ ☺
	No me gusta estudiar.	*A mí, sí.*	

6b. Ahora practica con alguno de tus compañeros e intenta encontrar tres cosas en común. Luego cuéntaselo a todos tus compañeros. 现在找一位同学进行对话练习，并找出三个你们的共同点，然后向全班介绍。

Ejemplo: ● *Me gusta mucho comer. ¿Y a ti, Juan?*
○ *A mí no...*
● *Tengo un hermano. ¿Y tú?*
○ *Yo también.*
Presentación: ● *Me gusta mucho comer, pero a Juan no. Yo tengo un hermano y Juan también.*

7. Intenta formar la pregunta según la información subrayada de las respuestas. Escucha y comprueba. 请针对下列回答部分的划线信息提问。听录音，验证答案。

Ejemplo: ● *¿De quién hablan David y Sara?*
○ *David y Sara hablan del gato Álex.*

1. ● ¿..?
   ○ Li Ming echa de menos a sus padres de vez en cuando.

2. ● ¿..?
   ○ Los chicos van a la cafetería después de clase.

3. ● ¿..?
   ○ Este cuaderno es de José.

FÍJATE BIEN Gramática

问句中介词必须在疑问副词之前。
*¿**De** dónde es Sara?*
*¿**De** quién son estos cuadernos?*
*¿**Con** quién quieres hablar?*
*¿**A** quién preguntas cuando tienes dudas?*

8. Observa los dibujos y di dónde son las actividades y a qué hora. 看图片，说出这些活动什么时间在哪里举行。

Ejemplo: La fiesta es en la casa de David. Es a las dos de la tarde.

❶

el examen de español

❷

la película

❸

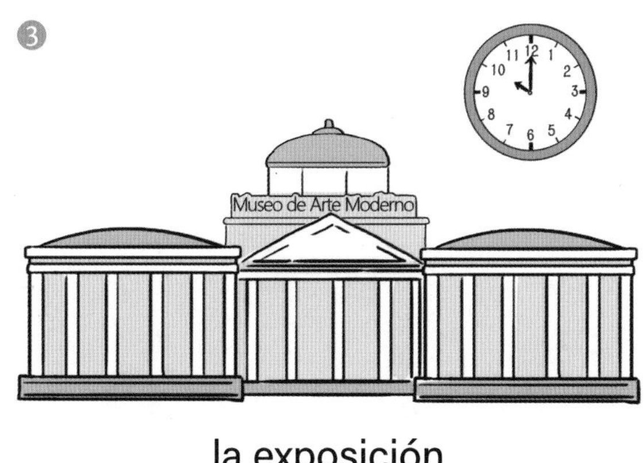

la exposición

FÍJATE BIEN Gramática

动词ser用于描述活动的时间和地点。

*La clase de español **es** en la sala 308.*

*La cena **es** a las nueve de la noche.*

9. Lee las siguientes oraciones interrogativas. Escucha la grabación y comprueba si las has leído con entonación correcta. Comenta con tus compañeros la entonación de cada una. 朗读下列问句，听录音验证你的语调是否正确。和你的同学讨论这些问句的语调特点。

1. ¿Cómo se llama esta chica?

2. ¿Adónde vais a estas horas?

3. ¿Por qué no vienes a la fiesta?

4. ¿Dónde vamos a comer hoy, en casa o fuera?

5. ¿Eres de España o de México?

FÍJATE BIEN Fonética

- 带有疑问词的问句一般以降调结尾。
- 朗读选择疑问句时，在连词 o 之前提升语调，然后以降调结尾。

A practicar

10. Completa las frases con un pronombre y *gusta* o *gustan*. 用代词以及 *gusta* 或 *gustan* 补充以下句子。

1. A mí no .... las películas de terror.
2. A mis amigos .... navegar por Internet.
3. ¿A usted .... la paella?
4. A nosotros .... los animales.
5. ¿A ti .... comer pizza?
6. A Juan no .... salir los fines de semana.
7. A sus padres .... el deporte.
8. ¿A vosotros no .... vivir aquí?

11. ¿Tienes los mismos hábitos y gustos que la gente de tu país? Escribe, como en el ejemplo, cinco oraciones sobre diferentes temas: horario, actividades de ocio, comida, vacaciones, etc. 你和你的同胞有同样的习惯和喜好吗？请按照范例写出5个句子，话题可以是：作息、休闲活动、美食、假期等。

Ejemplo: Los chinos, en general, se duchan antes de acostarse, y yo también.
A los chinos, en general, les gusta mucho el ping-pong, pero a mí no.

....

....

....

....

....

12. Rellena este test con tus gustos acerca de los viajes. Después informa a la clase. Entre todos, podéis dar ideas para tu próximo viaje. 填写下面这个关于旅行喜好的小测试，并和班上同学交流答案。大家可以为你下一次的旅行献计献策。

¿Con quién te gusta viajar?	¿En qué época te gusta ir de viaje?	¿Qué te gusta de los viajes?	¿En qué medio de transporte te gusta viajar?
☐ solo	☐ en primavera	☐ las grandes ciudades	☐ en coche
☐ con mi familia	☐ en verano	☐ las culturas diferentes	☐ en tren
☐ con mis amigos	☐ en otoño	☐ la aventura	☐ en bicicleta
☐ con un/a guía turístico/a	☐ en invierno	☐ la playa	☐ en crucero

13a. Lee el siguiente texto. 阅读下列短文。

1. Hola, soy Julia, de Sevilla. Soy alta y morena y tengo el pelo corto. Me gusta chatear con mis amigos. En el recreo me gusta hablar con mis compañeros. También me gustan mucho los animales. ¡Escríbeme!

2. Me llamo José y vivo en Segovia. Soy alto y rubio, tengo el pelo rizado. Me gusta mucho estudiar y mi asignatura favorita es Historia. No me gustan nada los videojuegos. Busco amigos en toda España.

3. Hola, me llamo Pedro. Soy bajo y castaño, tengo el pelo rizado. Me gusta poco el instituto. No me gusta nada hacer los deberes. Tengo un perro, es muy grande. Los domingos juego al tenis con mis primos. Chao. Espero tus mensajes.

4. Soy Carolina y tengo 13 años. Vivo en Valencia. Soy alta y rubia. En el colegio tengo 8 compañeras, en el recreo paseamos por el patio. Los domingos salgo con mis amigas, vamos a patinar al parque. Y tengo 52 amigos y amigas en WeChat. Además tengo un blog en el que hablo de mis cantantes favoritos. ¡Visita mi *blog*!

13b. ¿De quién quieres hacerte amigo/a por carta? ¿Por qué? 看了这些交友广告，你想和谁成为笔友呢？为什么？

Ejemplo: Quiero hacerme amigo de José, porque a mí también me gusta mucho estudiar.

13c. Ahora escribe tú también un anuncio para buscar amigos. Indica cómo eres (físico y carácter) y tus gustos. No indiques tu nombre. Luego tu profesor/a lee los anuncios y la clase adivina quién es. 现在请你也写一份交友广告。介绍你的特点（外形和性格）和喜好。不要在文中写你的名字。老师会念出所有同学的交友广告，大家来猜猜每份广告分别是谁写的。

Proyecto cultural

14a. Se realizó una encuesta entre los propios españoles con el fin de conocer qué les gusta más de su propio país. Cuenta el resultado con frases que contengan el verbo "gustar" como en el ejemplo. 这是一项在西班牙人中间开展的调查，旨在了解他们最喜欢自己国家的什么。请参照例子用包含*gustar*的句子说出调查结果。

Ejemplo:
Al veintiuno por ciento de los españoles le gusta más la gastronomía.
Entre ellos, al veintiocho por ciento le gustan más las tapas...

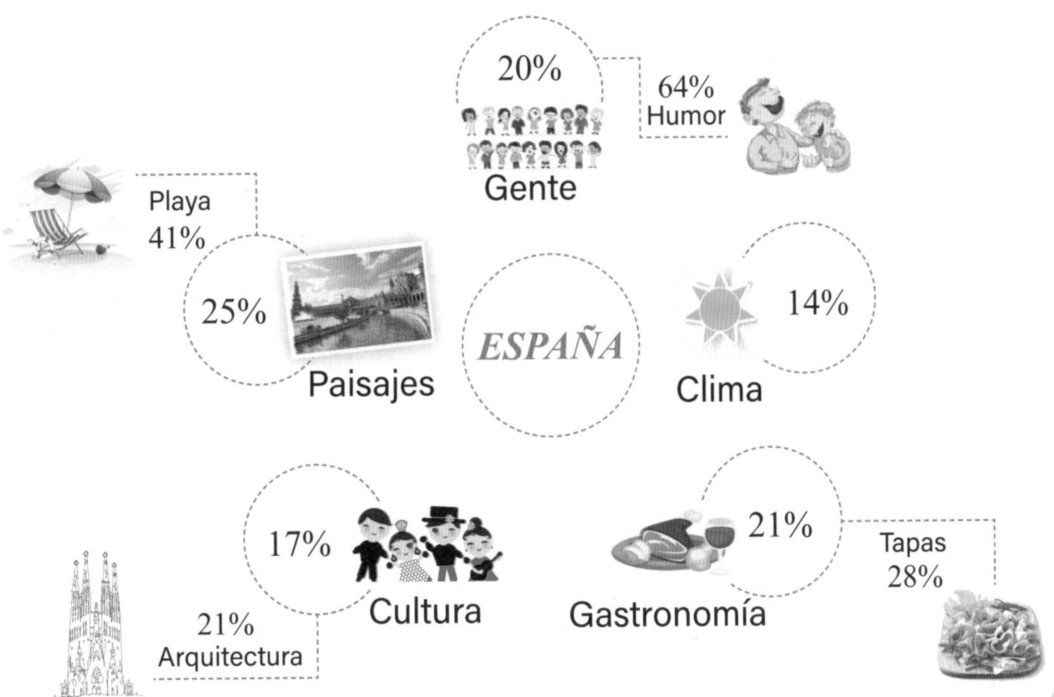

14b. ¿Y a ti? ¿Qué te gusta más de España? ¿Por qué? 你最喜欢西班牙的什么呢？为什么？

14c. Si te preguntan qué te gusta más de China, ¿qué dirás? 如果你被问起最喜欢中国的什么，你会怎么回答呢？

Canta y recita

La canción de gustar

A mí me gusta,
a mí me gustar bailar
merengue.
A ti te gusta,
a ti te gusta bailar
merengue.
A él le gusta,
a él le gusta bailar
merengue.
A ella le gusta,
a ella le gusta bailar
merengue.
Baila, baila, el
merengue.
Baila, baila, baila el
merengue.

Con una mano y con
otra mano.
Con un amigo, con un
hermano.
Baila conmigo, bailo
contigo.
Baila el merengue.

A nosotros nos gusta
bailar merengue.
A ustedes les gusta
bailar merengue.
A ellos les gusta,
a ellos les gusta bailar
merengue.
A ellas les gusta,
a ellas les gusta bailar
merengue.
A mí me gusta,
a mí me gustar bailar
merengue.
A ti te gusta,
a ti te gusta bailar
merengue.

Con una mano y con
otra mano.
Con un amigo, con un
hermano.
Baila conmigo, bailo
contigo.
Baila el merengue.

Para terminar

COMUNICACIÓN	GRAMÁTICA
◆ **Para preguntar sobre gustos y preferencias:** ¿Qué te gusta hacer? ¿Te gusta el fútbol?	◆ **Los verbos *gustar* y *encantar*:** ¿A vosotros os gusta ir a la discoteca? A ellos les encantan las fiestas.
◆ **Para expresar diferentes grados en los gustos e intereses:** Me gusta/gusta mucho/encanta ver la tele. No me gustan/gustan mucho/gustan nada los perros.	◆ **Las preguntas encabezadas por preposiciones:** ¿Con quién hablas? ¿De dónde eres?
◆ **Para preguntar por el día y el lugar de celebración de un acontecimiento:** ¿Dónde y cuándo va a ser la clase?	◆ **El verbo *ser* para ubicar en el tiempo y en el espacio:** El partido es a las siete y media en el polideportivo.
◆ **Para expresar coincidencia y discrepancia:** Yo también/tampoco. A mí también/tampoco. Yo no/sí. A mí, no/sí.	

Vocabulario

matrimonio / *m.* / 夫妻；婚姻
gusto / *m.* / 爱好；高兴
gustar / *intr.* / 使……喜欢
ciencia ficción+ / 科幻
cocinar / *intr.* / *tr.* / 烹饪；烧
encantar / *intr.* / 使……着迷
salir / *intr.* / 出去；离开
excursión / *f.* / 郊游，短途旅行
tranquilamente+ / *adv.* / 平静地
bailar / *intr.* / *tr.* / 跳舞
juego de mesa+ / 桌游
semestre / *m.* / 学期
montar / *tr.* / 办（活动）
costar / *intr.* / 耗费；花费
televisión / *f.* / 电视
tampoco / *adv.* / 也不，也没有
Así es.+ / 正是如此，没错
partido / *m.* / 比赛
ni... ni... / 既不……也不……
charlar / *intr.* / 聊天
sonar / *intr.* / 听起来
gato / *m.* / 猫

UNIDAD 6 Guía del ocio

LECCIÓN 18 ¡VACACIONES!

En esta lección vamos a aprender a:

- **hablar de deseos e ilusiones**
- **explicar planes decididos**
- **hablar de destinos de vacaciones**

Para ello vamos a aprender:

- **las oraciones condicionales: *si*+presente, presente**
- **los interrogativos: *qué*, *cuál***
- **algunos acentos típicos del español**

LLEGÓ EL MOMENTO DE LAS VACACIONES.

MUCHOS LUGARES VAMOS A CONOCER.

Para empezar

1. Escucha y lee. 边听边读。

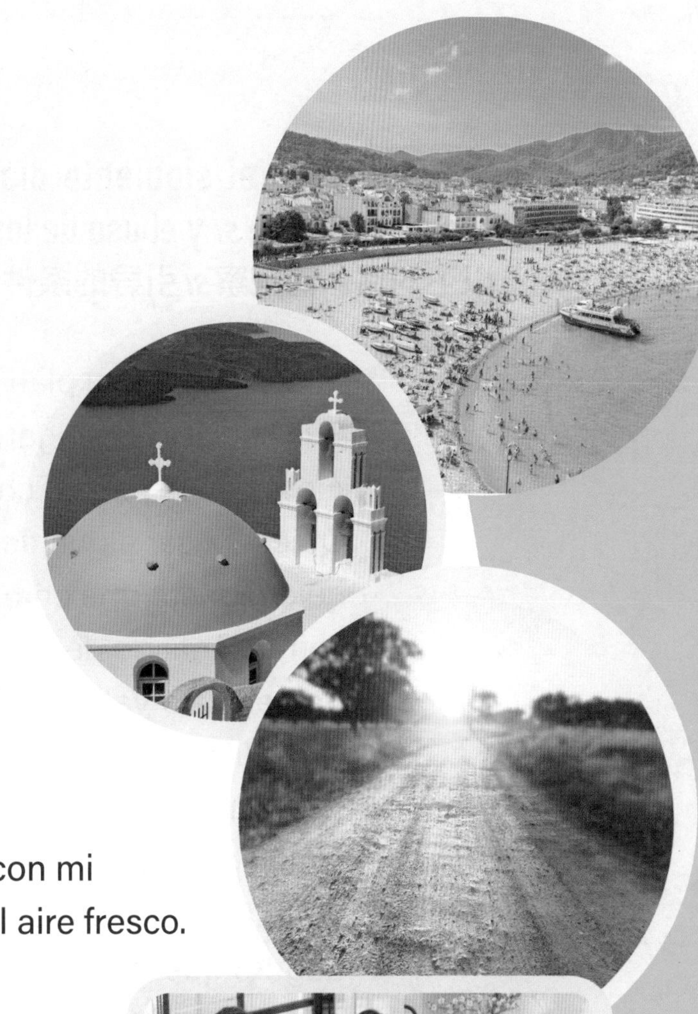

Se aproximan las vacaciones, ¿adónde vas de viaje?

David: Quiero ir a la playa, a tomar el sol y bañarme.

Sara: Yo quiero hacer un crucero por el Mediterráneo.

Miguel: Prefiero ir al campo con mi familia, a disfrutar del aire fresco.

Li Ming: Si es posible, quiero pasar la Fiesta de la Primavera con mi familia.

2. Adivina de qué país se trata en cada caso. Tu profesor/a sabe las respuestas. 猜猜这些分别是哪个国家。可以向你的老师确认答案。

1. Hay muchos canguros.
2. Hay cuatro lenguas oficiales: el francés, el italiano, el alemán y el romanche.
3. Hay una ciudad que se llama Casablanca.
4. Está en el Caribe y es famoso por el puro.
5. Es el más poblado del mundo.

A trabajar

3. Escucha y lee el siguiente diálogo para observar las oraciones condicionales de *si* y el uso de los interrogativos *qué* y *cuál*. 边听边读以下对话。请观察*si*引导的条件从句以及疑问词*qué*和*cuál*的用法。

1. Luis: Ming, ¿cuál es tu plan para las vacaciones?
   Ming: Pues no sé. Tengo ganas de volver a China. Ya llevo tres meses en España. Echo mucho de menos a mi familia. Quiero pasar algún tiempo con ellos. Pero también quiero quedarme en España, para conocer lugares como Santiago de Compostela, San Sebastián, Bilbao, Barcelona o Valencia, Sevilla...
   Luis: ¡Qué dilema! Si tus padres también tienen vacaciones, ¿por qué no vienen a España? Así podéis ir de viaje juntos por toda España.
   Ming: ¡Buena idea! ¿Cómo es que no se me ocurre esto? Seguro que lo vamos a pasar muy bien. Esta noche voy a llamarlos y hablo con ellos. Y tú, ¿qué vas a hacer?
   Luis: Si me salen bien los exámenes, mis padres me van a llevar de viaje a Chile.
   Ming: ¡No me digas!
   Luis: Me hace mucha ilusión conocer las estatuas de la Isla de Pascua y el Atacama.

2. Ming: ¿Qué es el Atacama?
   Luis: Es un desierto y es el lugar más seco del planeta. En algunas zonas lleva 400 años sin llover.
   Ming: Es maravilloso. La capital de Chile es Santiago, ¿verdad?
   Luis: Sí.
   Ming: ¿Cuál es la moneda del país?
   Luis: ¿Es el peso? No lo tengo muy claro.
   Ming: Bueno, supongo que sí. De todas formas, vamos a preparar bien los exámenes y luego disfrutamos de las vacaciones.

Luis: Dicho y hecho. Venga, vamos a la biblioteca ahora mismo.
Ming: Vale, pero me apetece tomar algo. ¿Me esperas?
Luis: Por supuesto.

4a. Relaciona las condiciones con los resultados. Puede haber varias posibilidades. 请把下列条件和结果联系起来。每个句子都有多种可能性。

CONDICIÓN	RESULTADO
La madre de Li Ming tiene vacaciones.	Va a viajar a Chile.
Luis saca buenas notas.	Puede venir a España.
Li Ming habla bien español.	Puede ser feliz el resto de su vida.
David tiene mucho dinero.	Puede conocer mucha gente.

4b. Ahora elige dos combinaciones condición-resultado que más te gusten y forma oraciones con la conjunción *si*. 现在，选出你最满意的两个条件—结果组合，用连词*si*造句。

Ejemplo: Si Li Ming habla bien español, puede conocer mucha gente.

FÍJATE BIEN Gramática

表示条件的连词 si
si与陈述式一般现在时连用表示真实条件。
***Si** tengo tiempo, voy a jugar al fútbol.*
*Podemos hacerlo **si** quieres.*

5a. Según el diálogo de la actividad 3, ¿qué deseos e ilusiones tienen Li Ming y Luis para las vacaciones? Completa las siguientes oraciones.
根据练习3的对话，李明和Luis有哪些愿望和梦想呢？完成下列句子。

1. Li Ming ______________ ganas de volver a China.
2. Li Ming ______________ pasar algún tiempo con su familia.
3. Li Ming ______________ quedarse en España.
4. ______________ Luis ______________ hace ilusión conocer las estatuas de la Isla de Pascua y el Atacama.
5. ______________ Li Ming ______________ apetece tomar algo.

FÍJATE BIEN **Expresión**

表达愿望或意图

Querer	+ infinitivo	*Quiero descansar un rato.*
Pensar		*Juan piensa volver a casa pronto.*
(A mí/ti/...) Me/Te/... hace ilusión		*Nos hace ilusión ir a España.*
Tener ganas de		*Tengo ganas de volver a China.*
(A mí/ti/...) Me/Te/... apetece		*Me apetece tomar algo.*

5b. ¿Qué deseos o intenciones tienes en las siguientes situaciones? 在下列情况下，你会有什么样的愿望或意图呢？

1. Hay un examen mañana.
2. Tienes mucho sueño.
3. Vas a viajar a España en las vacaciones.
4. Viene un nuevo compañero de clase.
5. No entiendes las palabras del profesor.

Ejemplo: Si hay un examen mañana, quiero repasar las palabras.

6. Completa estas frases con *qué* o *cuál/cuáles*. Escucha y comprueba. Observa cuándo se usa *qué* y cuándo *cuál/cuáles*. 用*qué*或*cuál/cuáles*填空完成下列句子。听录音，验证答案。观察何时用*qué*，何时用*cuál/cuáles*。

1. • ¿__________ es la capital de Chile?
   ○ Santiago.
2. • ¿ __________ es la paella?
   ○ Un plato español.
3. • ¿__________ son tus libros favoritos?
   ○ Me gustan mucho *Cien años de soledad* y *Don Quijote*.
4. • ¿__________ son los mariachis?
   ○ Un tipo de música tradicional mexicana.
5. • ¿En __________ país se habla el español?
   ○ En muchos. Por ejemplo, España, México, Argentina, Colombia...

FÍJATE BIEN Gramática

疑问词 qué
*¿En **qué** sala es la clase de español?*
*¿**Qué** es el Atacama?*
疑问词 cuál
*¿**Cuál** es tu nombre?*
*¿**Cuáles** son tus problemas?*

7. El español suena de maneras diferentes. Vas a escuchar cuatro versiones de una misma conversación. ¿Puedes describir en chino cómo te suena cada versión? ¿Sabes de qué países son estos acentos respectivamente? 不同地区的西班牙语口音各有特色。你会听到同一个对话的四种版本。你能用中文描述一下每个版本的特点吗？你知道这些分别是哪个国家的口音吗？

• ¿Usted cómo se llama?
○ Cecilia Esteban Yánez.
• ¿Cuál es su número de teléfono?
○ Es el 90589642.
• Muchas gracias.
○ De nada.

A practicar

8. ¿Qué dirá la madre en las siguientes situaciones? 妈妈在以下情景中会说什么呢?

9. Completa las siguientes preguntas con *qué* o *cuál/cuáles*. ¿Sabes contestarlas? 请用*qué*或者*cuál/cuáles*将下列问题补充完整。你能给出问题的答案吗?

1. ¿.............................. es el tequila?

   ....

2. ¿.............................. son las lenguas oficiales de Perú?

   ....

3. ¿.............................. son las tapas?

   ....

4. ¿.............................. es el mate?

   ....

5. ¿.............................. es la capital de Colombia?

   ....

6. ¿.............................. los moáis?

   ....

7. ¿.............................. la bebida nacional de Perú?

   ....

8. ¿.............................. los galápagos?

   ....

10. Escucha y escribe las oraciones que oigas. 听录音，写下你听到的句子。

1. ....
2. ....
3. ....
4. ....
5. ....

11a. Lee el siguiente texto. 阅读下列短文。

¡Qué raros son!

Cuando viajamos siempre descubrimos cosas diferentes, maneras diferentes de ser, de actuar, de comunicarse. Es lo que les pasa al señor Blanco y al señor Wais.

Blanco es un ejecutivo español que trabaja para una multinacional. Wais es un europeo del norte que trabaja para la misma empresa. Blanco a veces va al país de Wais, y Wais visita de vez en cuando España.

Cuando Blanco va al país de Wais, la empresa le reserva una habitación a 15 km del centro de la ciudad. "En este hotel va a estar muy tranquilo", piensa Wais. "¡Qué lejos del centro!", piensa Blanco, "Qué aburrido: ni un bar donde tomar algo o picar unas tapas."

Cuando Wais va a Madrid, siempre tiene una habitación reservada en un hotel muy céntrico, en una calle muy ruidosa. Así, puede salir por ahí por la noche, piensan en la empresa de Blanco.

11b. Según el texto, ¿cuál es la diferencia entre los españoles y los nórdicos de Europa cuando viajan? 根据短文，西班牙人和北欧人旅行时有什么不同？

11c. ¿Por qué tienen esta diferencia? Y en China, ¿qué prefiere la gente? Coméntalo con tus compañeros. 为什么会有上述差异？在中国，人们倾向于什么旅行方式？和你的同学们进行讨论。

Proyecto cultural

12a. En España, al igual que la mayoría de los países de la Unión Europea, se utiliza el euro. Un euro se divide en 100 céntimos. Observa los billetes y monedas. ¿Cuántos euros hay? 如同大多数欧盟国家一样，西班牙使用的也是欧元。一欧元等于一百欧分。请观察照片中的纸币和硬币。总共有多少欧元呢？

12b. Busca información en Internet y relaciona las siguientes monedas con los países de habla hispana. 在网上查找资料并将以下西语国家和其货币名称联系起来。

País	Moneda
Guatemala	córdoba
Venezuela	quetzal
México	peso
Perú	guaraní
Costa Rica	colón
Nicaragua	bolívar
Paraguay	nuevo sol

12c. ¿Reconoces a los personajes de los siguientes billetes o monedas? 你能认出以下纸币或硬币上的名人吗?

Canta y recita

Canción de las vacaciones

Llegó el momento de las vacaciones.
Muchos lugares vamos a conocer.
Vamos a jugar, vamos a reír.
Vamos a divertirnos, vamos a compartir.

Vamos a empacar para ir a la playa.
No nos olvidemos de llevar las toallas.
Castillos de arena juntos armaremos.
Muchos caracoles con los baldes juntaremos.

Llegó el momento de las vacaciones.
Muchos lugares vamos a conocer.

Vamos a jugar, vamos a reír.
Vamos a divertirnos, vamos a compartir.

Para ir a la nieve hay que abrigarse.
Con un gorro y guantes hay que prepararse.
Por muchas montañas rápido esquiaremos.
Muñecos de nieve todos juntos armaremos.

Llegó el momento de las vacaciones.
Muchos lugares vamos a conocer.
Vamos a jugar, vamos a reír.
Vamos a divertirnos, vamos a compartir.

Y si nos quedamos aquí en la ciudad.
Podremos ir al parque en bicicleta a andar.
Remontar barriletes que en el viento bailarán.

vacación / *f.* / 假期
aproximarse+ / *prnl.* / 临近；靠近
crucero+ / *m.* / 游轮游；游轮
Mediterráneo / *n. pr.* / 地中海
campo / *m.* / 乡村，农村
disfrutar / *tr.* / 享受
aire / *m.* / 空气
fresco, ca / *adj.* / 新鲜的
posible / *adj.* / 可能的
pasar / *intr.* / *tr.* / 度过
Fiesta de la Primavera / 春节
oficial / *adj.* / 官方的
famoso, sa / *adj.* / 著名的
poblado, da / *p.p.* / 有人居住的
mundo / *m.* / 世界
plan / *m.* / 计划
gana / *f.* / 愿望
Santiago de Compostela+ / 圣地亚哥－德孔波斯特拉
San Sebastián+ / 圣塞巴斯蒂安
Bilbao+ / *n. pr.* / 毕尔巴鄂
Sevilla+ / *n. pr.* / 塞维利亚
dilema+ / *m.* / 进退两难
idea / *f.* / 主意

Y jugando con amigos todos juntos a disfrutar.

Llegó el momento de las vacaciones.
Muchos lugares vamos a conocer.
Vamos a jugar, vamos a reír.
Vamos a divertirnos, vamos a compartir.

Para terminar

COMUNICACIÓN	GRAMÁTICA
◆ **Para hablar de deseos e ilusiones:** Quiero/Tengo ganas de/Me hace ilusión volver a China. ◆ **Para explicar planes decididos:** Quiero viajar a Chile en las vacaciones. Voy a conocer las estatuas de la isla de Pascua y el Atacama. ◆ **Para hablar de destinos de vacaciones:** La capital de Chile es Santiago de Chile. La moneda nacional se llama peso chileno.	◆ **Las oraciones condicionales con *si*:** Si te apetece, podemos ir a tomar un café. / Podemos ir a tomar un café si te apetece. ◆ **Los interrogativos *qué* y *cuál*:** ¿Qué es una lengua oficial? ¿Cuáles son las lenguas oficiales de España?

Vocabulario

ocurrirse / *prnl.* / 使……忽然想起
ilusión / *f.* / 欣喜；幻觉
estatua+ / *f.* / 雕像，塑像
Isla de Pascua+ / 复活节岛
Atacama+ / *n. pr.* / 阿塔卡玛
desierto / *m.* / 沙漠
seco, ca / *adj.* / 干燥的
planeta / *m.* / 地球；行星
zona / *f.* / 地区，区域
llover / *intr.* / 下雨
capital / *f.* / 首都
Santiago+ / *n. pr.* / 圣地亚哥
moneda / *f.* / 货币；硬币
peso / *m.* / 比索
claro, ra / *adj.* / 明确的，清楚的
suponer / *tr.* / 估计；设想
de todas formas+ / 不管怎样
dicho y hecho+ / 说干就干
apetecer / *intr.* / 使……想，使……愿望
dinero+ / *m.* / 钱
gente+ / *f.* / 人，人们

AUTOEVALUACIÓN

1. Completa con la forma adecuada de *estar*, *haber*, *tener* y *ser*. 用estar, haber, tener和ser的正确形式填空。

1. Mis abuelos .... en una casa en el campo. .... tres niños en la casa.

2. El piso .... cuatro habitaciones, salón, cocina y baño. .... bastante antiguo, pero muy bonito.

3. En mi barrio .... una librería muy buena. .... justo al lado de la boca de metro.

4. Nosotros .... una actividad hoy por la tarde. Va a .... en el salón de actos.

5. Ya .... la hora de decir adiós. .... que irnos ya.

Total: ..../10 puntos

2. Escribe las preguntas correspondientes. 请根据回答写出问题。

1. • ¿...?
   ◦ Muy bien, gracias.

2. • ¿...?
   ◦ Diana Mercado.

3. • ¿..?
   ○ Soy de Medellín, Colombia.

4. • ¿..?
   ○ Quince.

5. • ¿..?
   ○ La Lengua y la Música.

6. • ¿..?
   ○ Vivo en el Paseo de la Constitución, Número 4, 4°C.

7. • ¿..?
   ○ Sí, tengo un hermano mayor.

8. • ¿..?
   ○ A las siete y media de la mañana.

9. • ¿..?
   ○ Me gusta leer, montar en bici y bailar zamba.

10. • ¿..?
   ○ Es un deporte que combina baile y ejercicio.

Total: ..../10 puntos

3. Escucha a una persona hablar de los horarios de su país y escribe la hora. **请听一个人讲述自己国家的作息，在横线中写出相应时间。**

La gente desayuna a las 1. ....
Comen a las 2. ....
Cenan a las 3. ....
Los niños empiezan las clases a las 4. ....
Los turnos de la tarde empiezan a las 5. .... , y terminan a las 6. ....
Los bancos abren a las 7. .... , y cierran a las 8. ....

Las tiendas de comida abren a las 9. ...., y cierran a las 10. ....

Total: ..../10 puntos

4. Completa las oraciones con los pronombres adecuados. 用适当的代词将以下句子补充完整。

1. A mis amigos .... gusta mucho el chocolate, pero a ...., no.

2. ¿Tienes sed? ¿............................ apetece una Coca-Cola? .... tenemos muy fría.

3. A Juan .... pienso comprar un videojuego. Mañana es su cumpleaños.

4. Aquí tengo un diccionario. Si .... necesita usted, ... puedo dar.

5. ¿En verano .... bañáis en la piscina o en la playa? A mi hermano .... encanta ir a la playa.

Total: ..../10 puntos

5. Escucha hablar a Pilar y escribe las cosas que hacen ella y Manolo, su marido, los domingos. 请听Pilar谈论她和丈夫Manolo的周日，写出他们具体做什么。

Ejemplo: *Se levantan bastante tarde.*

1. ....

2. ....

3. ....

4. ....

5. ....

6. ....

7. ....

8. ....

9. ....

10. ....

Total: ..../10 puntos

Total: ..../50 puntos

NOTAS